CW01372532

Dipendenza Affettiva

Un percorso per risolvere paure, gelosie e insicurezze. Allontana dalla tua vita il narcisismo patologico e l'amore tossico per raggiungere la felicità, l'indipendenza e l'autostima.

Anna Collard

Copyright © 2023 – Anna Collard
Tutti i diritti riservati.

Questo documento è orientato a fornire informazioni esatte e affidabili in merito all'argomento e alla questione trattati. La pubblicazione viene venduta con l'idea che l'editore non è tenuto a fornire servizi di contabilità, ufficialmente autorizzati o altrimenti qualifica-ti. Se è necessaria una consulenza, legale o professionale, dovrebbe essere ordinato un individuo praticato nella professione.

Non è in alcun modo legale riprodurre, duplicare o trasmettere qualsiasi parte di questo documento in formato elettronico o cartaceo.

La registrazione di questa pubblicazione è severamente vietata e non è consentita la memorizzazione di questo documento se non con l'autorizzazione scritta dell'editore.

Tutti i diritti riservati.

Le informazioni fornite nel presente documento sono dichiarate veritiere e coerenti, in quanto qualsiasi responsabilità, in termini di disattenzione o altro, da qualsiasi uso o abuso di qualsiasi politica, processo o direzione contenuta all'interno è responsabilità solitaria e assoluta del lettore destinatario. In nessun caso qualsiasi responsabilità legale o colpa verrà presa nei confronti dell'editore per qualsiasi riparazione, danno o perdita monetaria dovuta alle informazioni qui contenute, direttamente o indirettamente.

Le informazioni qui contenute sono fornite esclusivamente a scopo informativo e sono universali. La presentazione delle informazioni è senza contratto né alcun tipo di garanzia. I marchi utilizzati all'interno di questo libro sono meramente a scopo di chiarimento e sono di proprietà dei proprietari stessi, non affiliati al presente documento.

INDICE

INTRODUZIONE   1

PARTE PRIMA - CHE COS'È LA DIPENDENZA AFFETTIVA?   4

Capitolo 1 – La "nascita" della dipendenza affettiva   6
    1.1 – Le Radici della Dipendenza Affettiva: Percorsi dalla Primissima Infanzia alla Maturità   8
    1.2 – Il problema di Matteo   9
    1.3 – Il problema di Lucia   11
    1.4 – Il problema di Maria   12
    1.5 – Il problema di Andrea   13

Capitolo 2 - I dipendenti affettivi e le loro difficoltà   14
    2.1 – Dipendenza affettiva e difficoltà di essere oggettivi   14
    2.3 – Dipendenza affettiva e la paura di dire "no"   16
    2.3 – Comunicazione di un dipendente emotivo   18

Capitolo 3 – Le cause principali del disturbo   19

Capitolo 4 – In che modo nutriamo la dipendenza affettiva?   23
    4.1 – Un linguaggio distruttivo che rinforza la dipendenza: le espressioni passivo-aggressive   25
    4.2 – La manipolazione passiva   26

Capitolo 5 – I sintomi che portano alla "paralisi"   28

Capitolo 6 – Una via d'uscita?   30

PARTE SECONDA - IL DIPENDENTE AFFETTIVO IN AMORE   32

Capitolo 1 – La mancanza di autostima e indipendenza   34

1.1 – Una differenza sostanziale tra indipendenza e
dipendenza in campo emotivo   35

Capitolo 2 – Le relazioni tossiche in agguato   **37**
2.1 – La punizione auto-inflitta attraverso la relazione tossica   39

Capitolo 3 – Concedersi troppo all'altro   **41**

Capitolo 4 – Il narcisismo manipolatorio del partner   **43**
4.1 – Alcuni esempi di azioni dei narcisisti   44

Capitolo 5 – La perenne paura dell'infedeltà   **46**
5.1 – Le reazioni eccessive alla gelosia di chi ha dipendenza
affettiva   47

Capitolo 6 – La gestione della gelosia   **49**
6.1 – Pronto soccorso emotivo in caso di gelosia   50

Capitolo 7 – I conflitti di coppia   **53**
7.1 - Alcune strategie funzionali per gestire la conflittualità
nella coppia   54

Capitolo 8 – La violenza verbale e fisica   **57**
8.1 – La violenza verbale   57
8.2 – La violenza fisica   59

Capitolo 9 – Tollerare l'intollerabile   **61**
9.1 – Una serie di cose intollerabili   62

Capitolo 10 – Come guardarsi dentro e dire "Basta!"   **65**
10.1 – Un esercizio di consapevolezza: "COME STO?"   65

**PARTE TERZA - IL DIPENDENTE AFFETTIVO IN
FAMIGLIA E IN AMICIZIA**   **67**

Capitolo 1 – I genitori manipolativi   **67**
1.1 – La Disfunzione Genitoriale   67
1.2 – Teoria dell'Attaccamento di Bowlby   67

1.3 – L'Impatto della Mancanza di un Attaccamento Sicuro 68
1.4 – Il Ciclo della Dipendenza Affettiva 69
1.5 – La madre disfunzionale: un esempio 70
1.6 – Il padre disfunzionale: un esempio 71

Capitolo 2 – La continua richiesta di attenzioni 73
2.1 – Il "Grido di aiuto" 74
2.2 – La personalità senza sostegno e l'accondiscendenza 75

Capitolo 3 – I rapporti simbiotici 78
3.1 – Come si comportano i rapporti simbiotici 79
3.2 – La crisi della relazione simbiotica: da interazione "perfetta" a inferno di coppia 81

Capitolo 4 – La paura della solitudine 83
4.1 – Le conseguenze della paura 84
4.2 – Perché non temere la solitudine 85

Capitolo 5 – Anche qui, non tollerare l'intollerabile 88
5.1 – Perché non dobbiamo tollerare l'intollerabile 90
5.2 – Lo stress di una relazione tossica: cause e sintomi di un malessere comune 91
5.3 – Cause dello stress in una relazione tossica 92
5.4 – Sintomi di stress in una relazione tossica 92

Capitolo 6 – I sensi di colpa 94
6.1 – Alcuni esempi di ricerca di senso di colpa 95
6.2 – Liberarsi dal senso di colpa 97

Capitolo 7 – Le amicizie tossiche 98
7.1 – Riconoscere un'amicizia tossica 98

Capitolo 8 – La perdita dell'autostima 101
8.1 – Un piccolo esercizio di autostima 102

Capitolo 9 – Una fuga che sembra impossibile 104

Capitolo 10 – Come sbarazzarsi dell'inutile zavorra 106

10.1 – Cose di cui liberarsi · 106

PARTE QUARTA - LA RINASCITA INTERIORE · 109

Capitolo 1 – Come coltivare la propria solitudine · 110

Capitolo 2 – Scoprire noi stessi giorno dopo giorno: un esercizio di auto-scoperta · 114

Capitolo 3 – Come allontanare del tutto il senso di colpa e la vergogna · 117

Capitolo 4 – La gestione dei lutti e delle perdite · 119

Capitolo 5 – Come rompere gli schemi e uscire dalla zona di comfort · 121

Capitolo 6 – La propria autostima rinnovata · 123

Capitolo 7 – Aumentare e fare proprio il senso di fiducia · 125

Capitolo 8 – Come imparare a volersi bene · 126

Capitolo 9 – I modi per ottenere autonomia e imparare ad amare · 128

Capitolo 10 – Infine, la scoperta della vostra bellezza interiore · 130

PARTE QUINTA (BONUS) - COSA POSSIAMO FARE DA SUBITO PER STARE MEGLIO E INIZIARE UN PERCORSO DI GUARIGIONE E CRESCITA · 132

Capitolo 1 – L'intelligenza emotiva in nostro soccorso · 132

Capitolo 2 – La "logica" delle emozioni · 135

Capitolo 3 – Il giusto modo di comunicare gli stati

d'animo 137
   3.1 – Un esercizio di comunicazione assertiva 139

Capitolo 4 – Come entrare in sintonia con gli altri: l'empatia, l'abilità per la connessione profonda con gli altri 141
   4.1 – Un esercizio sull'empatia 142

Capitolo 5 – La crescita delle abilità sociali 144
   5.1 – I pilastri fondamentali delle abilità sociali per la comunicazione emotiva efficace 145

Capitolo 6 – I 30 passi fondamentali per la propria rinascita 147
   6.1 – Riconoscimento della dipendenza affettiva 147
   6.2 – Identificazione dei comportamenti inconsci 148
   6.3 – Strategie per uscire dalla dipendenza affettiva 149

BIBLIOGRAFIA ESSENZIALE SULL'ARGOMENTO 156

INTRODUZIONE

Benvenuti in questa nuova avventura di auto-scoperta e guarigione. Mi chiamo Anna e sono specializzata nel campo della dipendenza affettiva e della gestione del trauma relazionale perché mi sono resa conto che questa condizione è talmente tanto diffusa da essere ritenuta quasi una componente "normale" di alcune interazioni relazionali moderne. Vediamo film, telefilm e altri prodotti di intrattenimento che ne parlano con leggerezza, spesso però confondendo le informazioni reali e troppo spesso la visione che ne emerge è distorta: ci sono perfino dei libri famosi in cui elementi di relazione disfunzionali sono stati romanticizzati e mescolati con l'idea di un amore "superiore". Milioni di donne leggono romanzi rosa in cui le protagoniste si mettono volontariamente in pericolo attraverso pessime scelte sentimentali dettate da un'idea di romanticismo che però non è assolutamente realistico dal punto di vista psicologico. Per poter uscire da questa confusione, è necessario fare alcuni passi indietro e capire cosa è una relazione e perché certe volte questa non possa funzionare.

Oggi, vi guiderò attraverso un viaggio per comprendere meglio e affrontare un problema tanto diffuso quanto misconosciuto: la dipendenza affettiva.

A volte considerata una questione prevalentemente femminile, la realtà è che la dipendenza affettiva non conosce genere, colpendo indiscriminatamente uomini e donne. Tuttavia, è vero che i modi di manifestarsi e di affrontare il problema possono variare a seconda del sesso.
Nelle donne, la dipendenza affettiva spesso si manifesta con un senso di insoddisfazione cronica, di non essere mai abbastanza e di continuare a cercare conferme nel partner. Il malessere è solitamente rivolto verso sé stesse, con sentimenti di inadeguatezza, autocolpevolizzazione e depressione.

Gli uomini, d'altra parte, sono altrettanto suscettibili alla dipendenza affettiva. Quando sentono che la loro relazione è a rischio o è finita, possono reagire con rabbia e frustrazione, spesso diretta verso l'altro. L'impulso di controllare o possedere il partner può diventare predominante, alimentato da un profondo senso di insicurezza.

La buona notizia è che non c'è bisogno di restare intrappolati in questo ciclo doloroso. Attraverso le pagine di questo libro, vi mostrerò come è possibile liberarsi da queste catene invisibili. Discuteremo strategie efficaci per riconoscere e affrontare la dipendenza affettiva, per imparare a costruire relazioni sane e soddisfacenti, e per sviluppare una robusta autostima che non dipenda dalle opinioni o dall'approvazione altrui.
Ricordate, la chiave per superare la dipendenza affettiva non è trovare la persona "giusta", ma diventare la persona giusta per sé stessi. È un viaggio che richiede coraggio, ma vi prometto che ne varrà la pena. Con il supporto di questo libro, avrete a disposizione tutte le risorse di cui avete bisogno per intraprendere questo percorso di trasformazione.

Va anche detto che il soggetto in questione potreste non essere voi ma un vostro conoscente, o magari il vostro stesso partner, la cui ansia e paura stanno minando il vostro rapporto, o magari è un genitore che con il suo fare manipolatorio (anche se apparentemente a fin di bene) logora gli equilibri di casa. Non è giusto soffrire per la dipendenza affettiva, sia in caso ne soffriamo direttamente che nel caso in cui, non soffrendone, percepiamo quella degli altri nel nostro ambiente. Questo libro allora può essere un salvagente per evitare di dover assecondare a vostra volta richieste poco piacevoli e per instaurare un dialogo basato solo sulla fiducia e non sui presupposti peggiori partoriti dalla mente del vostro interlocutore.

E quindi, siete pronti a riscoprire la vostra forza interiore e a liberarvi dalla dipendenza affettiva? Allora iniziamo questo viaggio insieme. Le vostre emozioni non sono un nemico da cui dipendere, ma un tesoro da scoprire. E ora, è il momento di riappropriarvi di questo tesoro.

PARTE PRIMA
CHE COS'È LA DIPENDENZA AFFETTIVA?

Proviamo a decifrare la dipendenza affettiva, tra linguaggio, arte e scienza. Il termine stesso "dipendenza" evoca già uno scenario problematico, di sudditanza fisica e mentale verso un oggetto che diventa il fulcro dell'esistenza del dipendente. "Emotivo", invece, è un vocabolo che associamo alla nostra parte più intima e in alcuni casi, più misteriosa, per cui i due concetti sembrano quasi stridere se messi insieme: la persona dotata di senso comune, infatti, può chiedersi "come si fa a essere dipendenti da uno stato emotivo? Come può l'emotività generare una dipendenza?" È un discorso complicato, ma farò del mio meglio per spiegarlo senza ricorrere a troppi tecnicismi e soprattutto, per rendere possibile una via d'uscita da questa condizione per chi ne è affetto e vuole cimentarsi in questa lettura.

La dipendenza affettiva, un concetto che sembra risonare con una certa familiarità nel nostro linguaggio quotidiano, è un problema molto più profondo e pervasivo di quanto potremmo immaginare.
In termini puramente linguistici, "dipendenza affettiva" combina due concetti fondamentali: "dipendenza", che implica un bisogno o un desiderio impellente di qualcosa, e "affettiva", che si riferisce alle nostre emozioni e ai nostri sentimenti. Insieme, indicano un bisogno eccessivo e continuo di affetto, approvazione e riconoscimento da parte degli altri.

A un livello più astratto, la dipendenza affettiva può essere vista come una lotta universale tra il desiderio di appartenenza e la necessità di autonomia. Da un lato, abbiamo il bisogno umano di connessione e appartenenza, che è fondamentale per la nostra sopravvivenza e il nostro benessere. Dall'altro lato, abbiamo la necessità di affermare la nostra individualità e la nostra autonomia, che sono altrettanto cruciali per il nostro sviluppo e la nostra autorealizzazione.

Nella letteratura e nell'arte, la dipendenza affettiva è un tema ricorrente. Ne troviamo tracce nelle opere di Shakespeare, con personaggi come Otello, la cui dipendenza affettiva da Desdemona lo porta a compiere atti tragici.
Tuttavia, la dipendenza affettiva non è solo una questione di linguaggio o di interpretazioni artistiche. È anche un oggetto di studio scientifico serio. Negli ultimi decenni, neuroscienziati, psicologi, comportamentisti e biologi hanno cercato di capire le cause, i meccanismi e le conseguenze della dipendenza affettiva.
La ricerca scientifica ci ha permesso di vedere che la dipendenza affettiva è un problema complesso che coinvolge vari fattori, tra cui la biologia, l'ambiente, l'apprendimento e l'esperienza personale. Per esempio, la ricerca neuroscientifica ha mostrato che la dipendenza affettiva può essere correlata con i cambiamenti nel sistema di ricompensa del cervello, che è coinvolto nel desiderio e nel piacere (Insel, 2003).
D'altro canto, gli studi psicologici hanno illustrato come le esperienze infantili e i modelli di attaccamento possono influenzare la nostra capacità di stabilire relazioni sane e indipendenti in età adulta (Bowlby, 1969; Ainsworth, 1973).

Nel resto di questo testo, esploreremo ulteriormente questi aspetti scientifici della dipendenza affettiva, nella speranza di fornire una comprensione più completa e approfondita di questo problema comune e sfaccettato.

Capitolo 1 – La "nascita" della dipendenza affettiva

L'idea della dipendenza affettiva, come la conosciamo oggi, ha radici profonde che si intrecciano con la storia della psicologia e della psichiatria. Lo stesso sviluppo del concetto di "dipendenza" ha fatto sì che noi avessimo nuovi strumenti per contrastare alcune condizioni che, fino all'immediato Dopoguerra del Novecento, non erano considerate problematiche e non erano spesso ritenute pericolose dagli stessi scienziati: lo stesso Freud, padre della psicanalisi, non si tratteneva dal consigliare l'assunzione di cocaina anche per i bambini, convinto della sua forte validità come tonico nervoso, senza riconoscere il pernicioso problema dell'assuefazione a cui si andava incontro. Anche altre sostanze come oppio, alcol e tabacco erano ritenute innocue, tanto che l'eroina fu sintetizzata dagli stessi industriali che brevettarono l'aspirina, considerando tale molecola sicura e capace di liberare da diversi problemi (non da ultimo, la dipendenza da oppiacei…) La dipendenza da comportamenti e non da sostanze è un concetto relativamente nuovo, ma che ha forti valenze scientifiche. Si tratta di un concetto che è emerso gradualmente attraverso gli anni, influenzato da diversi pensatori, teorie e scoperte scientifiche.

Il concetto di "dipendenza" nel contesto delle relazioni affettive è stato per la prima volta introdotto nel campo della psicologia negli anni '40 e '50 con il lavoro di John Bowlby (citeremo spesso questo autore, che è stato interpellato dall'organizzazione mondiale della sanità del suo tempo per decretare quali problemi di salute mentale potessero incorrere nei bambini) e Mary Ainsworth sulla teoria dell'attaccamento. Bowlby sosteneva che il bisogno di legami affettivi con altre persone è un aspetto fondamentale della natura umana, e che le interruzioni o le distorsioni di questi legami possono portare a una serie di problemi psicologici (Bowlby, 1951).

La teoria dell'attaccamento è stata successivamente sviluppata e ampliata da numerosi altri ricercatori. Uno dei concetti chiave che è emerso da questa ricerca è l'idea di "dipendenza affettiva", che si riferisce a un eccessivo e insano bisogno di affetto, approvazione e riconoscimento da parte degli altri.

Nel Manuale Diagnostico e Statistico dei Disturbi Mentali (DSM), la dipendenza affettiva non è riconosciuta come un disturbo specifico. Tuttavia, elementi di dipendenza affettiva possono essere presenti in vari disturbi, tra cui il disturbo borderline di personalità, il disturbo dipendente di personalità e il disturbo di attaccamento reattivo (APA, 2013).

Si è ritenuto che le persone con questi disturbi siano particolarmente inclini a sviluppare comportamenti di dipendenza affettiva:

- Le persone con disturbo borderline di personalità possono avere intense paure di abbandono e possono tentare di mantenere le relazioni a tutti i costi, anche a discapito della loro stessa salute e benessere.

- Allo stesso modo, le persone con disturbo dipendente di personalità possono avere un eccessivo bisogno del partner e possono avere difficoltà a prendere decisioni o a funzionare indipendentemente.

Con la crescente consapevolezza della dipendenza affettiva e della sua prevalenza, sono state sviluppate una serie di terapie e strategie di intervento per aiutare le persone a superare questo problema. Nel corso di questo libro, esploreremo queste strategie in dettaglio, con l'obiettivo di fornire agli individui gli strumenti necessari per liberarsi dalla dipendenza affettiva e per costruire relazioni sane e autonome.

1.1 - Le Radici della Dipendenza Affettiva: Percorsi dalla Primissima Infanzia alla Maturità

È utile considerare che le radici della dipendenza affettiva risiedono comunemente nella fase infantile della nostra esistenza, un periodo nel quale ci impegniamo nella definizione del nostro senso dell'Io. Durante questo periodo cruciale, sviluppiamo le nostre prime competenze relazionali, impariamo a dare e a ricevere amore e a gestire delicati equilibri tra autonomia e intimità.

Tuttavia, quando le condizioni affettive dell'infanzia sono caratterizzate da instabilità, incoerenza o carenza di attenzione costante, ciò può tradursi in un bisogno eccessivo di approvazione e affetto da fonti esterne. Questo può instaurare un modello per futuri comportamenti di dipendenza affettiva, in cui l'individuo cerca continuamente conferme esterne del proprio valore (Bowlby, 1969; Ainsworth, 1973).

È essenziale notare che i nostri genitori o i nostri caregiver durante l'infanzia non necessariamente devono essere malintenzionati o negligenti per instillare in noi un senso di insicurezza. Anche le circostanze della vita, come le difficoltà economiche, lo stress o i problemi di salute, possono influenzare la loro capacità di fornire un affetto costante e sicuro (Winnicott, 1964).

Spesso, i bambini che crescono in queste condizioni possono sviluppare meccanismi di adattamento o di difesa che, seppur utili nel breve termine, possono diventare dannosi nel lungo periodo.

Ad esempio, un bambino potrebbe cercare di diventare "il bambino perfetto", che non fa mai errori e cerca sempre di compiacere gli altri, in un tentativo di guadagnare l'amore e l'approvazione dei suoi caregiver (Miller, 1997). In età adulta, queste strategie di adattamento possono tradursi in dipendenza affettiva, in cui la paura del rifiuto, dell'abbandono o della disapprovazione diventa così potente che l'individuo si perde in relazioni in cui il suo benessere e la sua autostima dipendono completamente dal giudizio altrui (Bowlby, 1973).

Questo capitolo si propone di esplorare ulteriormente le radici della dipendenza affettiva, esaminando come le nostre esperienze infantili influenzino le nostre relazioni adulte.

1.2 – Il problema di Matteo

Proviamo a immaginare un bambino di nome Matteo. Come ogni bambino della sua età, Matteo è pieno di curiosità e di domande. Ma al suo interno, nasconde un'ansia che va oltre la normale incertezza infantile.

Immaginiamo una tipica giornata di Matteo. Al risveglio, la sua prima preoccupazione è se sua madre sarà di buon umore o meno. Se nota anche la più piccola irritazione in lei, prova un'angoscia intensa e un bisogno irresistibile di cercare di farla felice. Potrebbe cercare di farla ridere con una barzelletta o di confortarla con un abbraccio. Ma dietro queste azioni apparentemente affettuose, c'è una profonda paura: la paura di non essere amato.

A scuola, Matteo è sempre ansioso. Ha paura di essere rifiutato o escluso dai suoi compagni di classe. Se percepisce la minima disapprovazione, si ritira e si chiude in sé stesso. Potrebbe passare l'intera ricreazione in un angolo del cortile, osservando tristemente gli altri bambini giocare.

Questa costante preoccupazione per l'approvazione degli altri si estende anche alle sue attività extrascolastiche. Nel corso di una lezione di pianoforte, ad esempio, Matteo potrebbe essere talmente preoccupato dal giudizio del suo insegnante da non riuscire a concentrarsi sulla musica. Invece di godere dell'esperienza, si sente sotto pressione e frustrato.

Questi comportamenti di Matteo sono sintomatici di una nascente dipendenza affettiva. Si sente impotente di fronte ai giudizi degli altri e crede che il suo valore come individuo dipenda dalla loro approvazione. Questa convinzione genera un ciclo di ansia e frustrazione che rafforza ulteriormente la sua dipendenza.

La dipendenza affettiva può essere devastante per il benessere di un bambino. Matteo, per esempio, non è consapevole di stare consolidando un pattern comportamentale ansioso e ricco di occasioni in cui rinforzare la sua dipendenza emotiva. Non è colpa sua, non lo è mai, va sottolineato. Senza probabilmente rendersene conto, i genitori continueranno la solita vita, dando per scontato che Matteo "sia un bambino molto emotivo" e che la sua personalità sia definita da queste sue debolezze, dalle crisi di pianto, dal comportamento remissivo e dal suo timore. D'altronde, è educato, dimostra di essere affettuoso con la madre e a parte qualche "intoppo" non sembra dare grossi problemi... ma lui soffre, e prima o poi questa sofferenza potrebbe diventare un problema diverso: un problema di dipendenza da sostanze, da comportamenti disfunzionali e/o da relazioni tossiche. Ma la buona notizia è che con l'aiuto giusto, è possibile interrompere questo ciclo.

Nei capitoli successivi, esploreremo come i genitori, gli insegnanti e gli operatori sanitari possono aiutare bambini come Matteo a costruire una sana autostima e a superare la dipendenza affettiva.

1.3 – Il problema di Lucia

Il mondo adolescenziale è un terreno fertile per l'incertezza e l'ansia, un luogo dove il senso di appartenenza può diventare un impulso potente, talvolta ingannevole. Benvenuti nel mondo di Lucia, una quindicenne che lotta con la sua identità, che è costantemente alla ricerca di accettazione.

Lucia è una ragazza di bellezza ordinaria, di intelligenza media, abbastanza vivace, ma si vede attraverso uno specchio distorto: si sente sempre difettosa, meno bella, meno brillante, meno audace. La sua autostima è fragile, e la sua dipendenza affettiva la rende vulnerabile. Lucia è un camaleonte sociale, cambia colore a seconda della situazione, sempre pronta ad assecondare gli altri pur di sentirsi accettata.

La sua storia familiare gioca un ruolo significativo in questo. Cresciuta con un padre distante e una madre borderline, Lucia ha imparato a calibrare i suoi comportamenti in base agli stati d'animo mutevoli della madre, cercando di evitare conflitti o rifiuti. Questa dinamica ha nutrito la sua dipendenza affettiva, generando in lei un bisogno eccessivo di approvazione che sfocia in un tentativo di emulazione dei soggetti più in vista, ma che rischiano di usarla per i propri scopi senza darle alcun sostegno emotivo che lei brama così disperatamente.

A scuola, Lucia fatica a fare scelte autentiche. Piegata dalla pressione dei pari, si trova a dire "sì" anche quando il suo istinto le sussurra un "no". Che si tratti di uscire di notte in situazioni rischiose, frequentare ragazzi dall'atteggiamento aggressivo, o ubbidire ciecamente a una compagna più grande, Lucia trova difficile dire di no. Questo bisogno di appartenenza la porta talvolta persino a cedere alla tentazione di provare sostanze, pur sapendo che potrebbe essere dannoso.

Tutto questo genera in Lucia una tensione costante. Vive in uno stato di ansia perpetua, temendo di perdere l'accettazione e l'approvazione degli altri. Questo costante stato di allerta la priva della gioia e dell'innocenza tipiche della sua età.

1.4 – Il problema di Maria

Maria è una donna di ventinove anni, competente, affidabile e diligente nel suo lavoro d'ufficio. È la persona a cui tutti si rivolgono quando hanno bisogno di qualcosa, la prima ad arrivare e l'ultima ad andare via. Ma dietro la sua dedizione e il suo impegno si nasconde una lotta interiore che pochi riescono a percepire.
Il suo rapporto con i colleghi è complesso e contraddittorio. Pur sentendo un forte attaccamento verso di loro, Maria soffre silenziosamente nel trovarsi a fare i lavori più gravosi, a portare i pesi più grandi. È diventata una sorta di "capro espiatorio" sul lavoro, un ruolo che si è trovata a interpretare quasi inconsciamente.
Le relazioni personali di Maria sono contrassegnate da una certa instabilità, e trova difficile stabilire amicizie durature. Questa condizione la porta a cercare rifugio nel contesto lavorativo, trasformando l'ufficio in un surrogato di vita familiare. Maria vive l'ambiente di lavoro come un palcoscenico emotivo, un luogo in cui può trovare l'approvazione e l'accettazione che altrove fatica a ottenere.

Questa dinamica sta avendo un prezzo alto sulla sua salute mentale. L'ansia e lo stress accumulati a causa di questa forma di dipendenza affettiva lavorativa stanno creando un crescente senso di insoddisfazione e di disagio. Il lavoro, invece di essere una fonte di realizzazione e di gratificazione, sta diventando un fardello sempre più pesante da portare.

1.5 – Il problema di Andrea

Andrea, un uomo di trentacinque anni, vive la sua vita in un groviglio emotivo in cui il senso della propria esistenza sembra dipendere totalmente da sua moglie, Ada. Ama Ada più di qualsiasi altra cosa, ma questo amore ha preso una forma ossessiva e distruttiva.
Ada è ormai al centro della sua vita, del suo mondo emotivo e del suo senso del sé. Senza di lei, Andrea sente che la sua esistenza perderebbe ogni significato. Ma Ada, con il tempo, si è stancata di questo attaccamento soffocante e si sente appunto soffocata dalla dipendenza emotiva di Andrea. Ha provato a comunicare il suo disagio, ma lui rifiuta di accettare questa realtà, scivolando sempre più in una spirale di negazione e disperazione.
Questa dipendenza affettiva patologica ha trasformato Andrea in un uomo ossessivo, preda di una paura costante di perdere Ada, nonostante il suo amore per lui si stia affievolendo. Questa paura gli impedisce di riconoscere le sue emozioni esagerate e di riflettere in modo costruttivo sulla loro relazione.

Andrea è come un naufrago aggrappato alla sua zattera in mezzo all'oceano, rifiutando di nuotare verso la riva per paura di perdere quello che ritiene la sua unica salvezza. Ma la verità è che Andrea sta soffrendo, e la sua paura è il suo carcere.

Capitolo 2 - I dipendenti affettivi e le loro difficoltà

Nel capitolo precedente abbiamo esplorato alcune possibili condizioni di disagio che vedono al centro della storia persone comuni, con vicende normali, ma in cui possiamo intuire un forte disagio e una possibile evoluzione drammatica: il bambino svilupperà un senso di angoscia che gli farà prendere brutte decisioni? La ragazzina si sentirà "costretta" ad assecondare persone che vogliono abusare di lei? La giovane crollerà sotto il peso del lavoro? L'uomo rischierà davvero di cedere all'idea che senza la sua compagna su cui proietta tutta la sua felicità non avrà più una ragione per vivere?

Purtroppo, senza un adeguato supporto e senza qualcuno che indichi una via d'uscita, rischiamo di cadere in queste trappole emozionali. Non sono solo le persone con un passato problematico, con traumi psicologici infantili o con una condizione neurologica più spiccata ad avere l'inclinazione verso la dipendenza emotiva: questa può sorgere in diversi momenti della vita e diventare una bomba a orologeria per cui sarà sempre bene investigare con cura le proprie emozioni e capire cosa ci stanno dicendo.

2.1 – Dipendenza affettiva e difficoltà di essere oggettivi

La persona con dipendenza emotiva, però, fa un errore molto grossolano di valutazione delle proprie emozioni per cui ragiona tramite i due estremi opposti nel riconoscimento di quel che prova:

- Il soggetto pensa che le sue emozioni non valgano niente, e per questo che gli altri abbiano diritto di calpestarle e di non tenerne conto;
-
- Il soggetto valuta ogni evento della sua vita attraverso la lente distorta delle emozioni più eclatanti (rabbia, tristezza, euforia) senza poter avere un metro di giudizio oggettivo.
-

In ogni caso, una persona in questa condizione di fragilità che può insorgere in molti modi diversi, finirà per credere di poter proiettare molte delle sue emozioni verso una persona in particolare. Immaginiamo questa persona che, sotto il peso delle suo bagaglio emozionale, è finito per rimanere bloccato; non riesce a vedere bene chi ha di fronte quando qualcuno nota che c'è un carico emozionale che schiaccia una persona, ma dalla sua visione parziale, lui vede la salvezza che tanto spera; non ha nessuno strumento effettivo per capire se si tratti davvero di una persona capace di aiutarlo o meno, la sua speranza (l'ultimo dei mali del vaso di Pandora, ricordiamolo) è talmente forte che proietterà tutto il proprio bisogno sentimentale su qualcuno che in realtà non sostiene affatto quel peso emotivo, perché non esiste una persona capace di rendere felice il prossimo con uno schiocco di dita. Così facendo, il soggetto indebolito dal proprio fardello si troverà in una situazione per cui maturerà una propensione alla dipendenza affettiva, in cerca di un "campione" o una "campionessa" che lo alleggerisca e lo aiuti a rialzarsi.

Dice una favola che un topo stava soffrendo il freddo, e nel sentirlo lamentarsi, una mucca gli si avvicinò e lo coprì di letame. Il topo si infuriò, era comprensibile, ma solo dopo capì che la mucca lo aveva salvato: se si fosse stesa su di lui per scaldarlo lo avrebbe schiacciato, mentre così lo stava tenendo al caldo. Tempo dopo arrivò una volpe, che lo prese per la coda e lo portò verso l'acqua. Lo immerse e lo lavò nel ruscello e lo pulì così bene da poterlo mangiare.

Ecco, questa storia è particolarmente calzante perché una delle più grandi difficoltà del soggetto con dipendenza affettiva, sia essa "cronica" o temporanea, è che difficilmente riesce a interpretare le reali intenzioni delle persone intorno. Alcune lo aiutano ma a lui sembra che lo stiano coprendo di letame, altre lo vogliono mangiare vivo ma a lui sembra che lo stiano lavando.

Le persone con dipendenza affettiva si trovano spesso in una trappola emotiva intricata, alimentata dalla paura, in cui l'assertività sembra un miraggio lontano. Per molti di loro, dire "no" a qualcuno - in particolare a coloro che potrebbero sfruttarli - risulta un'impresa titanica. Non si tratta di una mancanza di volontà o di una forma di debolezza morale, ma di un meccanismo di difesa emotivo radicato nel profondo del loro essere.

2.3 – Dipendenza affettiva e la paura di dire "no"

Il cervello di una persona con dipendenza affettiva risponde alla prospettiva di un rifiuto o di un confronto con un'ondata di paura. Paura di essere soli, di essere respinti, di affrontare l'ira altrui, di apparire deboli o incompetenti. Questa paura non è solo un sentimento transitorio, ma un uragano emotivo potente che li spinge a fare concessioni, a sottomettersi, a evitare il confronto.

Il loro "sì" diventa un baluardo contro tutte le percezioni dolorose di sé stessi, contro le minacce alla loro stabilità emotiva, contro la prospettiva di sentirsi indifesi in un mondo sociale che a volte può sembrare un campo di battaglia. Ma questa battaglia è prima di tutto interiore, e comprendere questo meccanismo di difesa è il primo passo verso la liberazione dalla prigione emotiva della dipendenza affettiva.

Il terrore dell'abbandono è un sentimento costante per chi soffre di dipendenza affettiva, un'ombra oscura che si adagia su ogni interazione, su ogni legame affettivo. Esso non è solo una paura astratta, ma un vissuto emotivo che li pervade fino al midollo, un timore che colora ogni loro esperienza relazionale. A volte, questo timore dell'abbandono può essere così intenso da renderli incapaci di allontanarsi da relazioni che sono chiaramente dannose o tossiche.

Nella morsa della dipendenza affettiva, persino la voce dei parenti e degli amici, che cercano di aiutarli a vedere la realtà della situazione, può sembrare lontana e distante. Il loro consiglio, per quanto saggio, può riecheggiare come una eco distante di fronte alla potente morsa della paura dell'abbandono. La persona con dipendenza affettiva può riconoscere a livello cognitivo che una relazione è tossica, ma la forza emotiva della loro paura può facilmente sovrastare questa consapevolezza.

L'abbandono, per la persona con dipendenza affettiva, non rappresenta solo la perdita di una relazione, ma un assalto al loro senso di sé, alla loro stima di sé, alla loro capacità di sentirsi sicuri e amati. È come se fossero su un precipizio, con la prospettiva di un abisso di solitudine e disperazione sotto di loro. Tagliare i legami con una relazione dannosa può sembrare come saltare in quel precipizio, anche se logicamente capiscono che continuare in una relazione tossica è pericoloso e autodistruttivo.

Questo è il paradosso della dipendenza affettiva: l'impulso a rimanere in relazioni dannose può essere alimentato dallo stesso desiderio di amore e accettazione che tutti noi condividiamo. Ma per la persona con dipendenza affettiva, questo desiderio si è distorto in una paura ingombrante dell'abbandono che li tiene legati a relazioni che non fanno che ferirli.

2.3 – Comunicazione di un dipendente emotivo

Il modo di parlare di una persona con dipendenza affettiva rivela spesso la profonda insicurezza e la ricerca costante di conferme esterne. Le locuzioni più comuni nel loro gergo ruotano attorno ai temi dell'insicurezza, della dipendenza emotiva e del bisogno di attenzione e affetto. Ecco alcuni esempi pratici di frasi che una persona con dipendenza emotiva potrebbe utilizzare per esprimere la propria insicurezza e chiedere aiuto:

- Ho bisogno costante di conferme da parte degli altri per sentirmi amato e accettato;
  Mi sento sempre inadeguato e temo di non essere abbastanza per le persone che amo;
- Sono terrorizzato all'idea di essere abbandonato e mi aggrappo disperatamente alle persone per non sentirmi solo;
- Mi sento completamente perso senza l'amore e l'approvazione degli altri;
- Mi preoccupo costantemente di deludere gli altri e cerco di evitare ogni conflitto per paura di perderli;
- Mi sento schiacciato dall'ansia e dalla paura ogni volta che sento di non piacere a qualcuno;
- Mi sento inutile e non ho fiducia nelle mie capacità personali;
- Mi sacrifico costantemente per gli altri, ma temo che non sarà mai abbastanza;
- Mi sento impotente e dipendente dalle relazioni, come se non potessi vivere senza di loro;
- Mi preoccupo di essere sostituito o dimenticato da coloro che mi sono cari.

Chiaramente il soggetto in questione non userà queste precise parole o queste frasi, ma userà formule più articolate in cui poter desumere questo significato implicito per definire il proprio stato emotivo caratterizzato da manchevolezza e scarsa fiducia di sé.

Queste frasi evidenziano l'intensa insicurezza e la richiesta di aiuto implicita nelle parole di una persona con dipendenza affettiva. Esprimono la necessità di affetto, conferme esterne e un senso di appartenenza che spesso cercano di soddisfare attraverso le relazioni con gli altri. Tuttavia, è importante notare che queste frasi rappresentano solo un aspetto della complessità delle esperienze di una persona con dipendenza emotiva, e che il percorso verso la guarigione richiede un approccio olistico e il supporto di professionisti qualificati.

Capitolo 3 – Le cause principali del disturbo

Proviamo ora a definire quali sono le principali cause del disturbo della dipendenza affettiva. Va detto sin da ora che non esiste una eziologia unica e omnicomprensiva, ma che questo può sorgere in diverse condizioni di cui possiamo tratteggiare però alcune situazioni di base.

Colgo subito qui l'occasione per dire che se si è incappati in una di queste fasi difficili dell'essere e ci si è resi conto di aver sviluppato una forma di dipendenza, non si deve commettere l'errore di accusarsi eccessivamente, di colpevolizzarsi in maniera distruttiva o di credere di essere "persone cattive": è stato un momento di fragilità, e capita a tutti di cadere. Lo scopo di questo libro non è di puntare il dito verso i difetti altrui, ma di fornire uno strumento di sostegno e di soccorso, in modo da potersi rialzare. Rialzarsi, infatti, è un diritto di tutti, perché tutti prima o poi cadiamo. "La vita piega anche i più forti" e non c'è nulla di male nel sentirsi deboli quando capita qualcosa di male.

1. Trauma Infantile: il trauma infantile, causato da esperienze di abuso, trascuratezza, o violenza, può instillare nell'individuo un senso di insicurezza. Questa insicurezza può trasformarsi in dipendenza affettiva quando la persona ricerca costantemente nell'altro ciò che non ha ricevuto da bambino, nell'illusione che l'amore dell'altro possa risolvere le ferite del passato;

2. Sindrome dell'Abbandono: questa sindrome è l'esito di una paura profonda, solitamente radicata nell'infanzia, di essere lasciati soli. La persona affetta può sviluppare dipendenza affettiva come tentativo di prevenire l'abbandono, vedendo nell'altro una salvaguardia dalla solitudine;

3. Mancanza di Figura Genitoriale: l'assenza o l'incapacità di una figura genitoriale di fornire amore, supporto, o stabilità può portare a un vuoto emotivo. Questo vuoto può spingere l'individuo verso la dipendenza affettiva, nella speranza di riempire lo spazio lasciato vuoto dalla figura genitoriale mancante;

4. Trauma Relazionale: le esperienze traumatiche in una relazione, come violenza, manipolazione, o tradimento, possono generare insicurezza e paura nel riporre fiducia negli altri. Tuttavia, la persona traumatizzata può ritrovarsi a dipendere affettivamente da altri per cercare di guarire le ferite relazionali;

5. Attaccamento Non Sicuro: uno stile di attaccamento insicuro, sviluppato in tenera età, può portare a una continua ricerca di sicurezza negli altri, spesso risultando in una dipendenza affettiva;

6. Problemi Relazionali Dovuti a Patologie e Condizioni Innate: alcune condizioni, come un'attività eccessiva dell'amigdala che genera una reazione di paura esagerata, possono interferire con la capacità di stabilire relazioni sane. Ciò può portare l'individuo a dipendere eccessivamente dagli altri per cercare conforto o sicurezza;

7. Problemi dell'Apprendimento Psicomotorio e Ritardo nello Sviluppo Relazionale ed Emotivo: difficoltà nell'apprendimento psicomotorio possono ritardare lo sviluppo delle competenze sociali ed emotive. Questo ritardo può causare una dipendenza affettiva, con l'individuo che si affida agli altri per navigare nelle sfide emotive e relazionali;

8. Problemi di Interazione con il Gruppo dei Pari in Infanzia e Adolescenza: essere esclusi o non riuscire a integrarsi con i coetanei può alimentare sentimenti di solitudine e insicurezza. Questo può spingere la persona a sviluppare una dipendenza affettiva, cercando nell'altro un riconoscimento e un'appartenenza che non ha trovato nei gruppi di pari;

9. Trauma Emotivo in Età Giovane e Adulta: eventi traumatici come il lutto, il divorzio, o gravi problemi possono scatenare un bisogno intenso di sostegno emotivo. In alcuni casi, questo bisogno può evolvere in dipendenza affettiva, con l'individuo che cerca disperatamente conforto e sicurezza nell'altro;

10. Instabilità Economica Grave: l'instabilità economica può generare stress e paura, spingendo l'individuo a cercare sicurezza nelle relazioni. Questo può sfociare in una dipendenza affettiva, in cui l'altro viene visto come un rifugio dalla tempesta finanziaria;

11. Co-morbosità con Altre Patologie o Dipendenze: alcune condizioni di salute mentale o dipendenze possono rendere l'individuo più propenso a sviluppare dipendenza affettiva. Ad esempio, una persona con un disturbo d'ansia può ricercare costantemente rassicurazione negli altri, alimentando la dipendenza.

Tutte queste condizioni contribuiscono a creare un senso di necessità di accudimento, portando il soggetto a proiettare le sue necessità emotive su qualcuno nel disperato tentativo di ottenere aiuto. A volte l'individuo può sentire che questo soccorso gli sia dovuto, mentre in altre circostanze può pensare di dover sottomettersi a qualcuno per ottenere il sostegno desiderato. La dipendenza affettiva è quindi un tentativo di soddisfare bisogni emotivi non risolti attraverso l'altro, spesso con esiti dolorosi e insoddisfacenti.

Capitolo 4 – In che modo nutriamo la dipendenza affettiva?

La dipendenza affettiva è un disturbo relazionale caratterizzato da uno schema di comportamenti automatici, pensieri e sentimenti autodistruttivi che, paradossalmente, alimentano sia il disturbo stesso che le dinamiche relazionali negative. Questo ciclo autoperpetuante è attribuibile a un insieme complesso di meccanismi psicologici, neurobiologici e sociali.

A livello cognitivo-comportamentale, i soggetti con dipendenza affettiva tendono a mostrare una serie di distorsioni cognitive e comportamenti disfunzionali. Per esempio, possono essere inclini all'idealizzazione dell'altro, che alimenta una percezione irrealistica del partner e un'esagerazione del suo ruolo nel proprio benessere. Possono anche mostrare una elevata tendenza alla ruminazione, alimentando una preoccupazione costante per il mantenimento della relazione e l'approvazione del partner. Questi schemi di pensiero e comportamento rafforzano la dipendenza, indebolendo l'autonomia e l'autostima dell'individuo.

A livello neurobiologico, la ricerca suggerisce che i soggetti con dipendenza affettiva possono presentare alterazioni nel sistema di ricompensa cerebrale, analogamente a quanto osservato in altri tipi di dipendenza. L'amore per il partner può essere paragonato a una "droga", in cui la presenza o l'approvazione del partner provoca un piacere intenso, mentre la loro assenza o disapprovazione provoca un dolore intenso. Questa dinamica può spingere l'individuo a cercare continuamente la "dose" di affetto del partner, rafforzando ulteriormente il ciclo di dipendenza.

A livello sociale, i comportamenti di dipendenza affettiva possono in realtà indebolire la qualità delle relazioni dell'individuo. L'eccessiva richiesta di attenzione e approvazione può portare a conflitti e tensioni con il partner, minando la stabilità della relazione. Inoltre, la dipendenza affettiva può portare all'isolamento sociale, riducendo le fonti di supporto e incrementando la dipendenza dal partner.

A livello linguistico-psicologico, il linguaggio utilizzato da un individuo con dipendenza affettiva riflette le sue distorsioni cognitive e le sue insicurezze emotive, e può servire a mantenere e rafforzare il ciclo di dipendenza.

Gli individui con dipendenza affettiva possono utilizzare un linguaggio che enfatizza la loro mancanza, l'insicurezza, e la loro percezione di sé come indegni o insufficienti. Questi temi ricorrenti possono essere espressi attraverso parole e frasi che sottolineano il senso di vuoto, la paura dell'abbandono, o l'ansia per il giudizio altrui. Ad esempio, potrebbero utilizzare un linguaggio supplichevole o accondiscendente nel tentativo di attirare attenzione e affetto. Possono esprimere costantemente il desiderio di rassicurazione o approvazione, o sottolineare la loro preoccupazione per la potenziale perdita della relazione.
Inoltre, il linguaggio può essere utilizzato per manipolare emotivamente gli altri, come nel caso in cui l'individuo tenti di suscitare pena o simpatia esprimendo la propria sofferenza o dipingendo sé stesso come una vittima. Questi tentativi di manipolazione emotiva possono servire sia a mantenere l'attenzione del partner, sia a evitare confronti o critiche.

Questo uso del linguaggio non solo rafforza la dipendenza affettiva, ma può anche contribuire a creare un ambiente relazionale tossico. L'uso manipolativo del linguaggio può infatti portare a una perdita di fiducia e rispetto da parte del partner, mentre l'eccessiva richiesta di rassicurazione e approvazione può creare tensione e frustrazione.

Il linguaggio utilizzato da un individuo con dipendenza affettiva riflette e rafforza le sue insicurezze emotive e le sue distorsioni cognitive, contribuendo a mantenere il ciclo di dipendenza e a indebolire la qualità delle sue relazioni.

In sostanza, la dipendenza affettiva è una condizione che si autoalimenta attraverso un insieme di meccanismi cognitivi, comportamentali, neurobiologici e sociali. Questi meccanismi rafforzano il ciclo di dipendenza, indebolendo l'autonomia dell'individuo e la qualità delle sue relazioni, creando una dinamica difficile da rompere senza un intervento terapeutico adeguato.

4.1 – Un linguaggio distruttivo che rinforza la dipendenza: le espressioni passivo-aggressive

Il linguaggio passivo-aggressivo è un metodo di comunicazione in cui l'individuo esprime sentimenti di rabbia, risentimento o frustrazione in modo indiretto o velato, piuttosto che esprimere apertamente i propri sentimenti o bisogni. Può includere comportamenti come il sarcasmo, il rifiuto di comunicare apertamente, il fare promesse non mantenute, l'evasione di responsabilità, o l'uso di commenti pungenti o critiche velate.

Nel contesto della dipendenza affettiva, il linguaggio passivo-aggressivo può essere usato come un mezzo per manipolare gli altri e mantenere l'attenzione o l'approvazione desiderata. Ecco alcuni esempi:

1. Evasione di Responsabilità: "So che ho promesso di fare quel lavoro, ma sapevi quanto sono stato impegnato. Mi sembra che tu non capisca mai quanto sono stressato";

2. Sarcasmo: "Certo, perché tutto quello che faccio è sempre sbagliato, vero?";

3. Critica velata: "È bello vedere che ti diverti con i tuoi amici. Immagino che tu non abbia bisogno di me";

4. Comportamento ostile: ignorare o dare risposte monosillabiche per punire il partner per un presunto torto;

5. Rifiuto di Comunicare: trattenere informazioni o rifiutare di discutere i problemi come un modo per mantenere il controllo.

Il soggetto con dipendenza affettiva può utilizzare questi comportamenti passivo-aggressivi per "costringere" gli altri a dimostrargli affetto, per suscitare senso di colpa, o per mantenere il controllo nelle dinamiche relazionali. Tuttavia, a lungo termine, questi comportamenti possono danneggiare le relazioni, creando un ambiente di sfiducia e risentimento.

4.2 – La manipolazione passiva

La manipolazione passiva è una tattica di manipolazione indiretta in cui un individuo tenta di influenzare gli altri attraverso comportamenti che non sono apertamente controllanti o dominanti. Nel contesto della dipendenza affettiva, ciò può manifestarsi attraverso l'uso di commenti negativi autoriferiti, progettati per suscitare risposte rassicuranti o complimenti dagli altri.

Questo comportamento è spesso un tentativo di soddisfare il bisogno insaziabile di rassicurazione e approvazione che caratterizza la dipendenza affettiva. Attraverso l'autodenigrazione, l'individuo con dipendenza affettiva cerca di "costringere" gli altri a rassicurarlo sul suo valore o attrattività.
Ecco un esempio tipico:
  - L'individuo con dipendenza affettiva dice: "Sono brutta";

- Il partner risponde: "Ma no, sei bellissima";
- L'individuo con dipendenza affettiva continua a discutere o dubitare, forzando il partner a spendere ulteriori energie per rassicurare e complimentarsi.

Questo tipo di interazione non solo serve a rafforzare la dipendenza affettiva dell'individuo, ma può anche creare tensione e frustrazione nella relazione. Il partner può sentirsi sotto pressione per rispondere in modo rassicurante o positivo, anche quando non lo desidera o quando si sente manipolato. Inoltre, questo comportamento può contribuire a un senso di instabilità e insicurezza nella relazione, poiché il benessere emotivo dell'individuo dipendente affettivo dipende costantemente dalla validazione dell'altro.

Tuttavia, è importante notare che la manipolazione passiva non è sempre consapevole o intenzionale. L'individuo con dipendenza affettiva può non rendersi conto del suo comportamento manipolativo, ma è piuttosto guidato da un profondo senso di insicurezza e da un bisogno disperato di rassicurazione e approvazione.

Capitolo 5 – I sintomi che portano alla "paralisi"

La dipendenza affettiva è un disturbo caratterizzato da una serie di sintomi comportamentali, emotivi e fisici. Tali sintomi possono variare tra gli individui, ma spesso includono i seguenti:

Sintomi comportamentali:

1. Tentativi di Controllo: può manifestarsi attraverso comportamenti di controllo e possessività nei confronti del partner;

2. Dipendenza Eccessiva: l'individuo può dimostrare una dipendenza eccessiva dal partner per l'autostima, l'approvazione e la felicità;

3. "Rumore di Fondo Costante": bisogno di parlare costante, portando spesso la conversazione verso un costante bisogno di rassicurazione e conferme dal partner; ad esempio, il soggetto usa la manipolazione passiva;

4. Evitamento: l'individuo può evitare o ritardare la fine di una relazione malsana per paura della solitudine o dell'abbandono;

5. Comportamento Passivo-Aggressivo: come descritto in precedenza, l'individuo può utilizzare un linguaggio e comportamenti passivo-aggressivi per manipolare o controllare il partner.

Sintomi emotivi:

1. Insonnia: problemi nel dormire dovuti all'ansia e alla preoccupazione costante per la relazione;

2. Inadeguatezza: sentimenti di inadeguatezza o insicurezza, con l'idea che non si è abbastanza bravi o meritevoli di amore;

3. Pianto: episodi di pianto frequente o incontrollabile, spesso legati a sentimenti di disperazione o tristezza;

4. Ansia e Crisi di Panico: forti sensazioni di ansia, preoccupazione e paura, che possono culminare in attacchi di panico, particolarmente in risposta a conflitti o minacce percepite alla relazione.

Sintomi fisici:

1. Malessere: sensazioni fisiche di disagio o malessere, spesso legate all'ansia o allo stress emotivo;

2. Sintomi Psicosomatici: l'individuo può sperimentare sintomi fisici legati allo stress psicologico, come mal di testa, tensione muscolare, problemi di stomaco, o altri problemi di salute correlati allo stress.

Ricordiamo che l'esperienza della dipendenza affettiva può variare significativamente da individuo a individuo, e questi sintomi possono cambiare in intensità e frequenza. È sempre importante cercare un supporto professionale se si sospetta di soffrire di dipendenza affettiva.

Capitolo 6 – Una via d'uscita?

Le speranze per una persona con dipendenza affettiva sono molte e rassicuranti. Nonostante la dipendenza affettiva possa sembrare un problema complesso e intrattabile, è importante sapere che esistono diversi approcci terapeutici che possono aiutare a superare questa condizione e a migliorare la propria vita.

Uno dei principali passi verso la guarigione è la consapevolezza. Riconoscere di avere una dipendenza affettiva e desiderare un cambiamento è un grande passo in avanti. Con l'aiuto di un professionista qualificato, una persona con dipendenza emotiva può esplorare le radici del suo comportamento, comprendere i modelli di relazione disfunzionali e imparare nuove strategie per costruire relazioni più sane e soddisfacenti.

La terapia cognitivo-comportamentale (TCC) è un approccio efficace nella gestione della dipendenza affettiva. Questo tipo di terapia aiuta a identificare e modificare i pensieri irrazionali e i comportamenti disfunzionali che alimentano la dipendenza emotiva. Attraverso la TCC, è possibile imparare a sviluppare una maggiore autostima, ad affrontare la paura dell'abbandono e ad acquisire abilità di comunicazione assertiva.

Altri approcci terapeutici utili includono il concentrarsi sulle esperienze di vita passate che hanno influenzato la formazione dei modelli di relazione, e la terapia basata sulla mentalizzazione, che punta a migliorare la capacità di comprendere e interpretare i propri sentimenti e quelli degli altri.

Noi utilizzeremo alcuni di questi strumenti per fornire il primo soccorso emotivo a chi ne ha bisogno, e grazie agli esercizi che si trovano alla fine di questo testo, chiunque potrà migliorare da subito la propria condizione, intraprendendo un percorso utile anzitutto a sé stesso.

È importante sottolineare che anche i casi più gravi di dipendenza affettiva possono essere trattati con successo. La volontà di cambiare e l'impegno nel percorso terapeutico possono portare a risultati significativi. La guarigione non ha età o limiti di tempo, e anche chi ha sofferto a lungo di dipendenza affettiva può trovare un nuovo equilibrio emotivo e relazionale.

Quindi, non importa quanto possa sembrare difficile o doloroso, la dipendenza affettiva non deve rovinare la vita di una persona. Esistono strade per la guarigione, e con il giusto supporto e l'impegno personale, è possibile migliorare la propria esistenza e costruire relazioni più sane e appaganti. Ognuno merita di vivere una vita in cui si è al centro delle proprie scelte e si trova felicità ed equilibrio nelle relazioni.

PARTE SECONDA

IL DIPENDENTE AFFETTIVO IN AMORE

"L'amore è un campo intricato, una danza di emozioni e desideri che hanno plasmato la nostra concezione delle relazioni umane nel corso dei secoli." Come scriveva William Shakespeare ne 'Il Sogno di una Notte di Mezza Estate': "L'amore vede non con gli occhi, ma con la mente". Questa citazione ci ricorda che l'amore non è solo una questione di attrazione fisica, ma coinvolge anche il nostro mondo interiore e le nostre aspettative più profonde.

L'idea del romanticismo, come la intendiamo oggi, è relativamente nuova. Nel corso dei secoli, l'amore è stato spesso concepito come un accordo pragmatico, un legame basato su questioni di convenienza sociale o economica. È solo con l'avvento della modernità che l'idea del romanticismo si è sviluppata, portando con sé una visione idealizzata dell'amore come fonte di felicità e realizzazione personale.
Canzoni, poesie e opere letterarie hanno alimentato l'immaginario romantico, descrivendo l'amore come una forza irresistibile capace di superare ogni ostacolo. Pensiamo alla forza del sentimento con cui Whitney Houston descriveva l'amore in 'I Will Always Love You': "I will always love you, you, you. Bitter sweet memories, that is all I'm taking with me. So, goodbye, please don't cry. We both know I'm not what you, you need."
Questo idealismo romantico, sebbene affascinante, può generare aspettative irrealistiche e contribuire alla complessità dell'amore. La persona con dipendenza affettiva può trovarsi in uno stato di confusione e spaesamento, in quanto cerca disperatamente approvazione e soddisfazione attraverso le relazioni amorose. Tuttavia, questa ricerca incessante può portare a relazioni malsane e insoddisfacenti.

Spesso, la persona con dipendenza affettiva si sente inadeguata e

teme di non essere in grado di avere una relazione normale. Questo senso di inferiorità può spingerla a selezionare partner che inconsciamente sa già che la rifiuteranno o a intraprendere 'cause perse' che non possono portare a una relazione appagante.
Inoltre, l'auto-sabotaggio può insinuarsi nella vita di chi vive una dipendenza affettiva. La paura di essere abbandonati o di fallire nell'amore può portare a comportamenti autolesionistici, come mettere da parte i propri bisogni e desideri per soddisfare quelli del partner o cercare di controllare e manipolare la relazione. Questo auto-sabotaggio perpetua il ciclo di dipendenza affettiva, mantenendo la persona intrappolata in dinamiche malsane.

La dipendenza affettiva all'interno delle relazioni amorose è una sfida complessa da affrontare, ma è importante ricordare che la guarigione è possibile. Attraverso la consapevolezza di sé, l'autoriflessione e l'aiuto di professionisti, è possibile rompere il ciclo di dipendenza e costruire relazioni sane e appaganti.

Capitolo 1 – La mancanza di autostima e indipendenza

La mancanza di autostima rappresenta uno dei pilastri su cui si innalza una relazione disfunzionale. Quando una persona non ha una base solida di autostima e non si ama o accetta pienamente, si rende vulnerabile a dinamiche relazionali malsane. La mancanza di autostima crea un vuoto interno che spinge l'individuo a cercare un sostegno esterno, qualcuno su cui fare affidamento per colmare quel senso di insicurezza e di inadeguatezza che avverte.

In molte relazioni disfunzionali, si manifesta un pattern comportamentale in cui il partner con bassa autostima si posiziona come debole e incapace, mentre l'altro viene idealizzato come forte e intelligente. Questo schema crea una dinamica di dipendenza emotiva in cui il soggetto con bassa autostima si aggrappa al partner come una sorta di ancora di salvataggio, cercando di compensare le proprie insicurezze con l'approvazione e l'affetto dell'altro.

Purtroppo, questa dinamica può essere sfruttata da persone manipolatrici o abusive. Un individuo che si rende conto della fragilità e dell'insicurezza del partner può approfittarne per ottenere potere e controllo sulla relazione. Questo può accrescere ulteriormente la mancanza di autostima del soggetto dipendente, creando un circolo vizioso in cui la persona si sente sempre più debole e incapace di uscire da una relazione tossica.

È fondamentale sottolineare che la mancanza di autostima non è una colpa da attribuire alla persona che la vive, ma una condizione che può essere compresa e affrontata. La consapevolezza del proprio valore e della propria dignità è il primo passo per costruire una base solida di autostima. Il lavoro su sé stessi, l'auto-riflessione e il supporto di un professionista esperto possono aiutare a sviluppare una maggiore fiducia in sé stessi e una sana autostima.

1.1 – Una differenza sostanziale tra indipendenza e dipendenza in campo emotivo

Essere dipendenti affettivi implica un'abdicazione della propria indipendenza e responsabilità. Il soggetto affetto da dipendenza emotiva cerca attivamente situazioni in cui può perdere la propria autonomia, rinunciando alla presa delle proprie decisioni e affidandosi completamente agli altri.

Questo comportamento può derivare da diversi motivi intrinseci alla dipendenza affettiva. In primo luogo, la persona dipendente cerca di rinforzare l'idea di sé come individuo manchevole e debole. Abbandonando la propria indipendenza, si conferma l'immagine di sé come qualcuno che ha bisogno di un supporto costante e che non può fare affidamento sulle proprie capacità.

Questo può essere un modo subconscio per giustificare la propria dipendenza emotiva, attribuendola a una presunta "necessità" di avere qualcuno che si prenda cura di loro.

In secondo luogo, la rinuncia all'indipendenza può essere un tentativo di suscitare pietà e attenzione. Il soggetto dipendente, incapace di assumersi la responsabilità delle proprie azioni e delle proprie scelte, cerca di creare una dinamica in cui gli altri si sentono obbligati ad aiutarlo e controllare la sua vita. Questo può essere un modo per cercare conferme esterne del proprio valore e della propria importanza, anche se ottenute attraverso la pietà o la compassione altrui. Tuttavia, è importante comprendere che questo modo di vivere e di interagire con gli altri non è sano né gratificante. La dipendenza affettiva impedisce la crescita personale e limita la capacità di sviluppare relazioni reciproche e appaganti. Rinunciando alla propria indipendenza, si priva anche della possibilità di prendere decisioni autonome, di perseguire i propri obiettivi e di costruire una vita basata sulla propria autenticità.

Nel processo di liberazione dalla dipendenza affettiva, diventa fondamentale riconoscere l'importanza dell'indipendenza e della responsabilità personale. Ciò implica sviluppare una maggiore fiducia in sé stessi, assumersi la responsabilità delle proprie azioni e decisioni, e costruire una solida base di autostima e autostima. Attraverso il lavoro su sé stessi e il supporto di professionisti qualificati, è possibile riconquistare l'indipendenza emotiva e costruire relazioni sane e bilanciate basate sull'amore reciproco e sulla crescita personale.

Capitolo 2 – Le relazioni tossiche in agguato

Una relazione tossica può essere definita come un legame distruttivo e dannoso tra due o più individui. In una relazione tossica, le dinamiche interpersonali sono caratterizzate da comportamenti nocivi, manipolativi, abusivi o disfunzionali che mettono a repentaglio il benessere emotivo, psicologico e fisico delle persone coinvolte.

Le relazioni tossiche possono instaurarsi per una varietà di motivi. Uno dei principali fattori è rappresentato dai modelli di attaccamento sviluppati durante l'infanzia. Le esperienze di relazione precoci, in particolare quelle che coinvolgono negligenza, abuso o mancanza di supporto emotivo, possono creare una base per relazioni tossiche in età adulta. Le persone che hanno vissuto esperienze di attaccamento insicuro, come l'attaccamento ansioso o evitante, possono essere maggiormente inclini a cercare relazioni disfunzionali o a tollerare comportamenti dannosi.

Un altro fattore che contribuisce alla formazione di relazioni tossiche è rappresentato dalle dinamiche di potere e controllo. Uno dei partner può essere manipolativo, dominante o abusivo, cercando di esercitare un controllo completo sull'altro. Questo può manifestarsi attraverso l'isolamento sociale, l'umiliazione, l'intimidazione o la violenza fisica e verbale. Il partner vittima può finire per sentirsi intrappolato nella relazione, temendo di lasciare l'altro o di reagire in modo assertivo per paura delle conseguenze negative. Inoltre, le aspettative sociali e culturali svolgono un ruolo significativo nelle relazioni tossiche.

Alcuni modelli romantici e culturali diffusi nella società possono enfatizzare l'idea di un amore passionale e tumultuoso, associandolo a una profonda connessione emotiva. Questa visione distorta dell'amore può portare alcune persone a cercare relazioni turbolente o a giustificare comportamenti tossici come segni di amore intenso. Inoltre, l'insicurezza personale e la bassa autostima possono spingere alcune persone a rimanere in relazioni tossiche, credendo di non meritare di meglio o temendo di essere sole.

È importante sottolineare che le relazioni tossiche possono avere gravi conseguenze per la salute e il benessere delle persone coinvolte e che queste possono anche avere delle conseguenze che non possono e non devono essere sminuite. Se conoscete qualcuno che è incappato in un circolo tossico di dimostrazioni di affetto e totale mancanza di rispetto, dovete cercare di farlo notare al diretto interessato. Queste relazioni infatti possono causare stress cronico, ansia, depressione e persino danni fisici. È essenziale riconoscere le dinamiche tossiche e prendere provvedimenti per porvi fine. Ciò può richiedere il supporto di professionisti, come terapeuti o consulenti di coppia, che possono aiutare a comprendere i modelli di comportamento disfunzionali e a sviluppare strategie per interrompere il ciclo tossico e ricostruire relazioni sane e appaganti.

La consapevolezza di sé, l'autostima, la comunicazione efficace e la capacità di impostare confini sani sono fondamentali per evitare o uscire da relazioni tossiche. Sviluppare una comprensione profonda di ciò che costituisce una relazione sana e impegnarsi nella propria crescita personale sono passi importanti verso la costruzione di connessioni amorevoli e soddisfacenti che promuovano il benessere individuale e reciproco.

Cercate sempre di far sentire a proprio agio la persona vittima di una relazione tossica, cercando di farle capire che non è colpevole di niente e che alcune dinamiche hanno il miele sulle labbra e il veleno sulla lingua. Se siete voi immersi in una relazione tossica, vi conviene immediatamente capire che ci sono delle alternative, e che sono preferibili al continuare questa condizione di disagio continuo per cui non otterrete alcun vantaggio e nessuno vi darà un premio per aver sopportato qualcosa di così brutto.

2.1 – La punizione auto-inflitta attraverso la relazione tossica

Le relazioni tossiche possono essere considerate, in molti casi, una forma di autopunizione. Le persone coinvolte in relazioni tossiche spesso presentano una bassa autostima e un senso di autoefficacia compromesso. Di conseguenza, possono finire per cercare situazioni che riflettono il loro senso di auto-svalutazione e auto-disprezzo.

L'autopunizione può manifestarsi in diverse forme all'interno di una relazione tossica. Ad esempio, una persona potrebbe tollerare comportamenti abusivi o manipolativi perché si sente indegna di amore e affetto. Potrebbe provare un senso di colpa o di responsabilità per la situazione, credendo di meritare il trattamento negativo che riceve. Questa percezione distorta di sé può alimentare un ciclo autodistruttivo in cui la persona continua a rimanere in una relazione tossica nonostante i danni emotivi e psicologici che ne derivano.

L'autopunizione può anche assumere la forma di auto-sabotaggio. Le persone con dipendenza affettiva possono selezionare partner che sono incompatibili o che replicano dinamiche negative già sperimentate in passato. Questo tipo di scelta può derivare dalla convinzione inconscia che non si meritino una relazione sana e appagante. Di conseguenza, si sottomettono a un ciclo di frustrazione, rifiuto e sofferenza che conferma la loro percezione negativa di sé stessi.

È importante sottolineare che l'autopunizione all'interno delle relazioni tossiche non è intenzionale o consapevole. Spesso si tratta di una dinamica inconscia che riflette la mancanza di autostima e di fiducia in sé stessi. Questo ciclo autodistruttivo può essere difficile da spezzare, ma è possibile intraprendere un percorso di guarigione e crescita personale per liberarsi da tali dinamiche tossiche.

Attraverso la consapevolezza di sé, il lavoro sulla propria autostima e l'impegno verso il proprio benessere emotivo, è possibile rompere il ciclo di autopunizione e creare relazioni più sane e gratificanti. Il supporto di un professionista esperto può essere di grande aiuto in questo processo, fornendo strumenti e strategie per rafforzare la fiducia in sé stessi, sviluppare relazioni più equilibrate e adottare atteggiamenti e comportamenti che promuovano il benessere personale.

Liberarsi dalla dipendenza affettiva e dall'autopunizione richiede coraggio, impegno e resilienza. È un processo di scoperta e guarigione che porta a una maggiore consapevolezza di sé, alla costruzione di relazioni basate sulla reciprocità e al raggiungimento di una vita più autentica e soddisfacente.

Capitolo 3 – Concedersi troppo all'altro

Diceva Enrico Brizzi in un suo famoso libro che la felicità sarebbe lasciare la propria vita in mano a registi capaci di farne un capolavoro; sono fortemente in disaccordo, ma dato che si trattava di un libro che prendeva in esame personaggi molto disfunzionali e che avevano comportamenti distruttivi, questa frase si inserisce bene nella descrizione della loro psicologia. Il problema sorge con tutte quelle persone che invece si aspettano di ottenere davvero felicità dando le redini della propria esistenza in mano ad altri. Abdicare completamente la propria capacità di scegliere della propria vita vuol dire comprare un biglietto di sola andata per l'infelicità. Tornare indietro è possibile, ma deve essere fatto subito per non soffrire.

Concedersi troppo all'altro vuol dire rinunciare ai propri spazi, ai limiti naturali che si pongono durante una relazione sana, vuol dire cercare di essere perennemente disponibili fisicamente, mentalmente ed emotivamente, rinunciando al proprio tempo e ai propri diritti fondamentali.

Vediamo insieme alcuni possibili esempi di condizioni in cui una persona, per paura di perdere la propria relazione, fa delle concessioni eccessive al proprio partner.

- Giulia accetta di sostenere finanziariamente il suo partner, nonostante i continui ritardi nel pagamento delle spese comuni e il suo stile di vita irresponsabile;
- Marco si sottomette alle richieste sessuali estreme del suo partner, anche se non si sente a suo agio o non desidera realmente quelle esperienze;
- Laura decide di ignorare ripetuti tradimenti del suo partner, credendo che se lo lasciasse, non troverebbe mai più qualcuno che la ami;
- Simone sopporta il costante abuso verbale della sua partner, minimizzando gli insulti e giustificandoli come semplici "scatti d'ira";

- Marta finge di credere alle bugie del suo partner, che ha l'abitudine di nascondere informazioni o inventare storie per manipolarla emotivamente;
- Paolo riduce le proprie ambizioni e aspirazioni per adeguarsi alle richieste del suo partner, sacrificando i suoi sogni e la propria felicità per mantenere la relazione;
- Elena si adatta alle esigenze contorte della sua partner, rinunciando ai suoi interessi personali e conformandosi completamente ai suoi desideri e valori;
- Luca giustifica e minimizza il comportamento violento della sua partner, negando a sé stesso l'evidenza degli abusi fisici o psicologici subiti;
- Sara nega le sue emozioni e sentimenti per non disturbare il suo partner, evitando qualsiasi conflitto o discussione che potrebbe mettere a rischio la relazione;
- Alessandro tollera il controllo e la manipolazione emotiva della sua partner, cercando di compiacerlo in tutto e non prendendo decisioni autonome per paura di perdere il suo affetto.

Questi sono solo alcuni esempi di come le persone con dipendenza affettiva possano fare concessioni estreme pur di non perdere il loro partner. Questi comportamenti, sebbene possano sembrare un modo per mantenere la relazione, alla lunga possono essere dannosi per la salute mentale, l'autostima e il benessere complessivo della persona coinvolta.

Se vi riconoscete in una o più di una di queste situazioni, è il momento di aprire gli occhi sul problema che vi affligge e riguardo al quale, forse, non siete veramente consapevoli.

Capitolo 4 – Il narcisismo manipolatorio del partner

Il disturbo di personalità narcisistico è una condizione caratterizzata da un eccessivo senso di grandiosità, bisogno costante di ammirazione e mancanza di empatia verso gli altri. I narcisisti hanno una visione distorta di sé stessi, tendendo a sovrastimare le proprie capacità e a svalutare gli altri. Questo atteggiamento egocentrico e autoriferito può rendere estremamente difficile stabilire e mantenere relazioni sane con loro. I narcisisti sono spinti da un desiderio incessante di attenzione e ammirazione, cercando costantemente conferme della propria grandezza e importanza. Questo bisogno di adorazione può portarli a formare relazioni con persone che mostrano una dipendenza affettiva, poiché sanno che queste persone saranno inclini a soddisfare le loro richieste e a mettere le loro esigenze al di sopra delle proprie.

È importante sottolineare che il disturbo di personalità narcisistico è considerato disfunzionale e può causare significativi danni nelle relazioni. I narcisisti tendono a trattare gli altri come oggetti per il proprio beneficio e spesso mancano di empatia, considerando le persone solo in termini di come e quanto possano soddisfare i loro bisogni. Questo atteggiamento manipolativo può portare a relazioni tossiche e sfruttamento emotivo.

Gli studi scientifici hanno dimostrato che i narcisisti provano emozioni intense, ma principalmente focalizzate su sé stessi e sul loro bisogno di conferma e gratificazione. Ad esempio, la ricerca ha evidenziato che i narcisisti tendono a reagire in modo esagerato alle critiche o al rifiuto, percependoli come una minaccia al loro senso di grandezza e scatenando reazioni aggressive o vendicative.

È importante sottolineare che il narcisismo non è semplicemente una caratteristica di personalità, ma può diventare un disturbo quando causa significativo distress o compromissione del funzionamento in diversi contesti della vita di una persona.

Ricapitolando, il disturbo di personalità narcisistico è un pattern di comportamento disfunzionale che si basa su un eccessivo senso di grandezza, bisogno di ammirazione e mancanza di empatia. I narcisisti tendono a formare relazioni con persone dipendenti affettive, poiché queste sono più propense a soddisfare i loro bisogni egoici. Tuttavia, è importante riconoscere i pericoli di tali relazioni e lavorare verso quelle più sane e bilanciate, quando possibile, ma il problema è che i narcisisti sono molto abili a farsi passare per persone con un carattere generoso quando intendono avvicinare qualcuno con il fine di diventare il fulcro totale della loro esistenza e il protagonista assoluto della storia di tutti.

4.1 – Alcuni esempi di azioni dei narcisisti

Vediamo alcuni esempi di comportamento narcisista accentratore che si relaziona a una persona affetta da dipendenza affettiva.

- Un narcisista convince il suo partner dipendente a finanziare il suo stile di vita lussuoso, manipolandolo con complimenti e lusinghe per ottenere denaro e beni materiali;
- Un narcisista minaccia il suo partner dipendente di abbandonarlo se non accetta di soddisfare le sue richieste sessuali o fantasie particolari;
- Un narcisista sfrutta la devozione del suo partner dipendente per ottenere attenzione costante e ammirazione, costringendolo a dedicare tutto il suo tempo e le sue energie alle sue esigenze;

- Un narcisista mente e manipola il suo partner dipendente per nascondere infedeltà o tradimenti, facendolo sentire in colpa per sospettare o dubitare di lui;
- Un narcisista denigra costantemente il suo partner dipendente, minando la sua autostima e facendolo sentire inferiore per mantenerlo sotto controllo e dipendente emotivamente;
- Un narcisista usa il suo fascino e carisma per convincere il suo partner dipendente a prendere decisioni finanziarie rischiose o a fare investimenti che lo favoriscano, ma che potrebbero danneggiare l'altro;
- Un narcisista minaccia ritorsioni emotive o abbandono se il suo partner dipendente non accetta di conformarsi alle sue aspettative o di rinunciare ai propri bisogni e desideri;
- Un narcisista manipola il suo partner dipendente attraverso il silenzio e l'indifferenza, ignorandolo o isolandolo emotivamente quando non ottiene ciò che vuole;
- Un narcisista si fa passare per una vittima per attirare simpatia e supporto emotivo dal suo partner dipendente, sfruttando la sua compassione e senso di responsabilità;
- Un narcisista utilizza la minaccia di diffondere informazioni personali o intime per controllare e manipolare il suo partner dipendente, costringendolo a fare ciò che vuole.

È importante sottolineare che queste situazioni sono solo esempi ipotetici per illustrare come un narcisista possa manipolare e controllare una persona dipendente. Le dinamiche delle relazioni tossiche variano e le modalità di manipolazione possono assumere forme diverse in base alla personalità e alle strategie del narcisista coinvolto.

Capitolo 5 – La perenne paura dell'infedeltà

L'infedeltà all'interno di una relazione è un tema complesso che può scuotere profondamente una persona con dipendenza affettiva. La paura di essere traditi o sostituiti dal proprio partner può scatenare una serie di reazioni ed emozioni intense, portando a un aumento del controllo e dell'insicurezza nella relazione. Le persone con dipendenza affettiva spesso vivono con una costante paura dell'abbandono e di non essere abbastanza buone per il loro partner. Questa profonda insicurezza le spinge a vedere ogni possibile minaccia all'interno della relazione e ad adottare strategie di controllo per cercare di prevenire l'infedeltà.
Il bisogno disperato di sentirsi amate e desiderate spinge il soggetto dipendente ad attuare un controllo eccessivo sugli spostamenti, le comunicazioni e le interazioni del proprio partner. Questo controllo diventa un modo per cercare sicurezza e garantire che il legame affettivo non venga compromesso da potenziali rivali.

Il soggetto dipendente può iniziare a monitorare costantemente i movimenti del partner, cercando conferme sulle sue attività e interazioni. Ogni telefonata, messaggio o contatto con altre persone può essere oggetto di sospetto e analisi ossessiva. La persona con dipendenza affettiva può tentare di esercitare un controllo anche sui pensieri del partner, temendo che questi possano rivolgersi ad altre persone del passato o presenti nel loro ambiente.
Questa spirale di controllo e insicurezza può diventare estenuante per entrambi i partner. Il soggetto dipendente si sente costantemente inadeguato e teme di non poter competere con altre persone che considera più attraenti o interessanti. Questo porta a una continua lotta per cercare di soddisfare tutte le esigenze del partner, dimostrando il proprio valore e cercando di prevenire qualsiasi forma di tradimento o abbandono.

Tuttavia, è importante comprendere che l'infedeltà non è necessariamente una conseguenza della dipendenza affettiva, ma è un problema che può manifestarsi in diverse dinamiche relazionali. Le persone con dipendenza affettiva tendono a interpretare gli eventi in modo distorto a causa delle loro profonde insicurezze, che possono amplificare il timore di essere traditi.

Per superare questa dinamica distruttiva, è fondamentale che il soggetto dipendente si concentri sulla propria crescita personale e sulla costruzione di una sana autostima. È importante comprendere che il controllo eccessivo non porterà alla stabilità e alla sicurezza desiderate, ma potrebbe addirittura danneggiare ulteriormente la relazione.

5.1 – Le reazioni eccessive alla gelosia di chi ha dipendenza affettiva

La paura irrazionale dell'infedeltà può portare a comportamenti estremi e surreali da parte di una persona con dipendenza affettiva. La profonda insicurezza e il timore di perdere il proprio partner possono scatenare un desiderio ossessivo di controllo e conferma, spingendo il soggetto a compiere azioni che possono sembrare al di là della ragione.

Il soggetto dipendente può ricorrere a metodi invasivi per cercare prove di un possibile tradimento, come controllare i social media del partner alla ricerca di segni di interazione con altre persone che suscitano gelosia. Può intraprendere complessi sistemi di spionaggio per leggere la posta elettronica o i messaggi privati del partner, violando la sua privacy e la fiducia nella relazione.

La paranoia può portare il soggetto a fare appostamenti o pedinamenti, cercando di ottenere informazioni sulla vita del partner in modo segreto. Può avvicinarsi a colleghi o amici del partner sotto false pretese per cercare di carpire informazioni che confermino i suoi sospetti. Tutte queste azioni dimostrano una mancanza fondamentale di fiducia nel partner e una disperata ricerca di rassicurazione.

Tuttavia, è importante sottolineare che questi comportamenti non solo violano la privacy e la fiducia del partner, ma anche sfidano la legalità e la moralità delle relazioni sane. Invece di affrontare le proprie insicurezze e comunicare apertamente con il partner, il soggetto dipendente si avvicina in modo ossessivo e distorto alla situazione, cercando di confermare i propri sospetti piuttosto che fidarsi.

È cruciale comprendere che senza fiducia reciproca, non può esserci una relazione sana e soddisfacente. Il bisogno di controllo e conferma costante può soffocare la relazione, creando un ambiente di tensione e stress per entrambi i partner. È fondamentale per il soggetto dipendente lavorare sulla propria autostima e sulle insicurezze profonde per sviluppare una base di fiducia più solida e imparare a comunicare in modo aperto e onesto con il partner.

Capitolo 6 – La gestione della gelosia

La gelosia è un'emozione universale che ha affascinato e tormentato l'umanità sin dai tempi antichi. Essa è profondamente radicata nella nostra natura umana, eppure, la sua complessità psicologica e le conseguenze che può avere sulle nostre relazioni sono spesso sfuggenti.

La gelosia è un'emozione che può manifestarsi in vari contesti, ma è più comunemente associata alla sfera delle relazioni intime. È un sentimento intenso che può scuotere il nostro equilibrio emotivo, innescando una serie di pensieri, sensazioni e comportamenti che possono mettere a dura prova la nostra stabilità emotiva e le relazioni che ci stanno a cuore. La gelosia è alimentata da una serie di fattori, tra cui l'insicurezza, la paura del tradimento e il bisogno di conferma e sicurezza affettiva. Può essere scatenata da una varietà di situazioni, come la presenza di un ex partner, un'amicizia troppo intima o persino una minima distrazione del nostro partner. Ciò che rende la gelosia così complessa è la sua interazione con altri aspetti del nostro mondo emotivo, come l'autostima, l'insicurezza e la fiducia.

Mentre la gelosia può avere radici profonde nel nostro passato evolutivo, la nostra comprensione di essa è stata arricchita dalle teorie psicologiche e dalle ricerche scientifiche. Gli psicologi hanno studiato la gelosia per anni, cercando di decifrare i suoi meccanismi e le sue implicazioni per la nostra vita emotiva e relazionale.

Tuttavia, la gelosia è un fenomeno complesso e multidimensionale che non può essere ridotto a una semplice formula. Le sue manifestazioni sono altrettanto diverse quanto le persone che ne soffrono. Ciò che rende la gelosia così affascinante e allo stesso tempo pericolosa è la sua capacità di influenzare il modo in cui percepiamo noi stessi, gli altri e le nostre relazioni.

In questo capitolo, esploreremo la gelosia da una prospettiva psicologica approfondita, esaminando le sue cause, le sue manifestazioni e le sue implicazioni per la nostra vita emotiva. Attraverso studi e ricerche scientifiche, tenteremo di gettare luce su questo intricato labirinto emozionale, cercando di comprendere le dinamiche che la guidano, offrendo suggerimenti pratici su come gestirla in modo sano e costruttivo.

Che tu sia una persona che affronta la gelosia, o che sia interessato a comprendere meglio questa emozione complessa, speriamo che questo capitolo ti fornisca una panoramica completa sulle sfumature e le sfide che la gelosia presenta. Preparati a esplorare le profondità della mente umana mentre affrontiamo la complessità della materia e cerchiamo di trovare un equilibrio emotivo più sereno nelle nostre relazioni affettive.

6.1 – Pronto soccorso emotivo in caso di gelosia

Creiamo qui una breve guida per contrastare la gelosia e capire che questo sentimento non ha alcuna utilità per noi stessi e per l'eventuale relazione che stiamo coltivando, in qualunque fase essa sia.

La gelosia non ha alcun valore, e ci sono persone che invece credono che sia un modo di dimostrare affetto, un modo di dire che si tiene molto alla relazione e che questo timore sia in realtà una cosa "normale" ... ma non lo è. La gelosia rovina soltanto la relazione, non aggiunge nulla e non crea aspettative migliori.

1. Identifica e comprendi la radice della tua gelosia: rifletti su quali sono le tue paure profonde e le insicurezze che alimentano la gelosia. Questo ti aiuterà a prendere consapevolezza delle tue emozioni e a lavorare su di esse;

2. Comunica apertamente con il tuo partner: esprimi i tuoi timori e preoccupazioni in modo chiaro e calmo. Condividi i tuoi sentimenti senza accusarlo o attaccarlo, ma cercando invece di creare un dialogo costruttivo;

3. Impara a fidarti di te stesso: sviluppa una maggiore fiducia nelle tue capacità e nel tuo valore come individuo. Riconosci che la gelosia può essere influenzata dalle tue insicurezze personali e lavora per costruire un senso di autostima solido;

4. Coltiva la consapevolezza: impara a riconoscere i segnali fisici e mentali della gelosia quando si presentano. Respira profondamente, rilassati e prendi un momento per valutare la situazione in modo obiettivo;

5. Concentrati sulle tue passioni e interessi personali: dedica tempo ed energia a coltivarle e a sviluppare una vita ricca al di fuori della relazione. Ciò ti aiuterà a ridurre l'ossessione e la dipendenza emotiva;

6. Crea una rete di supporto: cerca l'appoggio di amici fidati o di un professionista esperto nel campo delle relazioni. Condividi i tuoi pensieri e sentimenti con persone che possono offrirti prospettive diverse e sostegno emotivo;

7. Lavora sulla tua autostima: concentrandoti sull'amore e l'accettazione di te stesso, riduci la necessità di cercare conferme esterne. Impara a riconoscere il tuo valore indipendentemente dall'approvazione degli altri;

8. Pratica la gratitudine: focalizzati sugli aspetti positivi della tua relazione e sulla gratitudine per il tempo che trascorri con il tuo partner. Questo ti aiuterà a coltivare un atteggiamento più positivo e a ridurre la gelosia;

9. Impara a gestire l'ansia: sviluppa tecniche di gestione dello stress, come la meditazione, la respirazione profonda o l'esercizio fisico. Queste pratiche possono aiutarti a calmare la mente e a ridurre le preoccupazioni associate alla gelosia;

10. Lavora su te stesso attraverso la terapia: considera l'opportunità di intraprendere un percorso terapeutico con uno specialista esperto nella gestione delle dipendenze affettive. La terapia può offrirti gli strumenti e le risorse necessarie per affrontare la gelosia in modo efficace e costruttivo;

11. Ricorda che la gestione della gelosia richiede tempo, impegno e pazienza. Con dedizione e lavoro su te stesso, potrai superare la dipendenza affettiva e costruire relazioni più sane e soddisfacenti.

Capitolo 7 – I conflitti di coppia

Partiamo da un presupposto: la conflittualità in una coppia è perfettamente normale, non si può essere d'accordo su tutto e non c'è un "manuale della litigata" (o meglio, ce ne sono, ma molti non sono attendibili). Ognuno di noi litiga in modo diverso, spesso con atteggiamenti appresi assistendo ai litigi dei propri genitori, e questa cosa non sempre è funzionale a un buon equilibrio. Tuttavia, va detto da subito che quando ci si rende conto che essere adulti vuol dire anche non essere uguali ai propri genitori, si può agire con unicità e genuinità senza condizionamenti esterni e anche l'esperienza della discussione può essere intrapresa facendo valere il proprio punto di vista senza per forza offuscare quello altrui.

Le relazioni di coppia possono essere un terreno fertile per la conflittualità. Le differenze di personalità, i valori, le aspettative e le modalità di comunicazione possono portare a conflitti che, se non gestiti adeguatamente, possono minare la stabilità e la felicità della relazione. Tuttavia, quando si aggiunge il fattore della dipendenza affettiva, la conflittualità può assumere dimensioni ancora più complesse e destabilizzanti. In questo capitolo, esploreremo le principali cause di conflitto nelle relazioni di coppia, concentrandoci sulle dinamiche specifiche legate alla dipendenza affettiva e fornendo strategie per affrontare tali sfide.

Vediamo quali sono le principali cause di conflitto nelle relazioni sentimentali, le quali possono variare da coppia a coppia. Alcune delle principali cause includono differenze di opinioni, mancanza di comunicazione efficace, divergenze nelle priorità e negligenza emotiva. Tuttavia, quando si tratta di una relazione in cui uno o entrambi i partner soffrono di dipendenza affettiva, possono emergere ulteriori fattori che contribuiscono alla conflittualità. L'insicurezza legata alla dipendenza affettiva, infatti, può amplificare l'insicurezza all'interno della relazione. Il bisogno costante di conferma, approvazione e attenzione può portare a una maggiore sensibilità alle critiche e alle differenze di opinione. Le persone con dipendenza affettiva possono percepire qualsiasi forma di disaccordo o conflitto come una minaccia per la relazione stessa e per la propria sicurezza emotiva. Ciò può portare a reazioni eccessive, all'evitamento del confronto o alla repressione delle proprie esigenze e desideri per paura di perdere il partner.

Alcune situazioni normali all'interno di una relazione possono diventare particolarmente problematiche quando si è affetti da dipendenza affettiva. Ad esempio, un disaccordo su questioni di routine quotidiana, come la gestione delle finanze o la suddivisione delle responsabilità domestiche, può trasformarsi in una fonte di tensione e conflitto se uno dei partner percepisce la situazione come una minaccia al suo senso di controllo o di importanza nella relazione.

Inoltre, la dipendenza affettiva può rendere difficile l'affrontare apertamente e in modo costruttivo i problemi di coppia. La paura di perdere il partner può portare a evitare i conflitti, a rinunciare alle proprie esigenze o a cercare di placare l'altro a discapito delle proprie emozioni e desideri. Questo può creare una dinamica disfunzionale in cui i problemi non vengono affrontati in modo adeguato e si accumulano nel tempo, generando risentimenti e tensioni latenti.

7.1 - Alcune strategie funzionali per gestire la conflittualità nella coppia

Affrontare la conflittualità nella dipendenza affettiva richiede un impegno attivo e consapevole da entrambi i partner. Lavorare sulla comunicazione, sull'autostima e sulla gestione dell'ansia può favorire una maggiore armonia all'interno della coppia.

Riconoscere i modelli di conflitto specifici legati alla dipendenza affettiva permette di rompere il ciclo disfunzionale e di costruire una relazione più sana e appagante. Alcune strategie utili includono:

1. Aumentare la consapevolezza: entrambi i partner dovrebbero sviluppare una maggiore consapevolezza delle proprie dinamiche di dipendenza affettiva e dei modelli di conflitto ricorrenti. Questo permette di identificare i tratti specifici che alimentano la conflittualità e lavorare su di essi;

2. Migliorare la comunicazione: imparare a comunicare in modo aperto, empatico e rispettoso può aiutare a ridurre la conflittualità. Saper esprimere i propri bisogni, emozioni e preoccupazioni in modo chiaro e assertivo favorisce la comprensione reciproca e la ricerca di soluzioni condivise;

3. Sviluppare l'autostima: lavorare sull'autostima e sull'accettazione di sé stessi può ridurre l'insicurezza e la dipendenza emotiva. Riconoscere il proprio valore indipendentemente dall'approvazione degli altri permette di affrontare i conflitti con maggiore equilibrio e fiducia in sé stessi;

4. Imparare a gestire l'ansia: le persone con dipendenza affettiva spesso sperimentano un'ansia elevata legata alla paura di perdere il partner. Imparare tecniche di gestione dell'ansia, come la respirazione profonda, la meditazione o il rilassamento muscolare, può contribuire a mantenere la calma durante i momenti di conflitto e a prendere decisioni più consapevoli;

5. Cercare supporto esterno: la consulenza di coppia o l'aiuto di un professionista specializzato nella dipendenza affettiva può fornire una guida preziosa per affrontare la conflittualità. Un terapeuta può aiutare a identificare i pattern disfunzionali, a sviluppare strategie di comunicazione più efficaci e a lavorare sulle dinamiche di dipendenza affettiva.

Capitolo 8 – La violenza verbale e fisica

Ok, qui si tratta di capire che non si può "chiudere un occhio" e lasciar correre. In nessun caso si dovrebbe ricorrere alla violenza, né tantomeno utilizzarla. La violenza è la fine della relazione, di qualunque tipo essa sia.

8.1 – La violenza verbale

La violenza verbale nelle relazioni tossiche rappresenta una forma di abuso emotivo che può causare gravi danni alla psiche delle persone coinvolte. Questo tipo di violenza si manifesta attraverso l'uso di parole offensive, denigranti, umilianti e manipolative che mirano a controllare, sottomettere e ferire l'altro. Le frasi violente pronunciate in queste situazioni hanno un impatto profondo sulla psiche delle vittime. La loro forza distruttiva risiede nella capacità di minare l'autostima, la fiducia in sé stessi e la percezione di valore personale. Queste parole possono creare un senso di insicurezza, di colpa e di vergogna, che può portare a un deterioramento dell'autostima e all'isolamento sociale.

Le frasi violente possono assumere diverse forme. Ecco alcuni esempi:

- Insulti e denigrazioni: "Sei stupido/a", "Non vali nulla", "Sei un fallimento". Queste parole sono mirate a sminuire la persona e a farla sentire inferiore;
- Umiliazioni pubbliche: "Sei così imbarazzante", "Non sai fare niente", "Mi fai vergognare". Queste frasi sono volte a umiliare l'altro davanti ad altre persone, aumentando il senso di vergogna e di inadeguatezza;

- Minacce e intimidazioni: "Se mi lasci, ti distruggo", "Ti farò del male", "Nessun altro ti vorrà mai". Queste parole cercano di instillare la paura e la dipendenza nell'altro, controllando e limitando la sua libertà;
- Manipolazione emotiva: "Se mi amassi davvero, lo faresti", "Fai tutto sbagliato, senza di me", "Nessuno ti amerà come faccio io". Queste frasi cercano di controllare le azioni e le emozioni dell'altro, creando una dipendenza emotiva e un senso di obbligo.

È importante sottolineare che queste frasi sono dannose e non dovrebbero mai essere pronunciate in una relazione sana. La violenza verbale crea un clima di paura, tensione e instabilità che può avere conseguenze negative sulla salute mentale delle persone coinvolte. Può causare depressione, ansia, disturbi dell'umore e bassa autostima.

Per affrontare la violenza verbale, è essenziale prendere coscienza dei propri diritti e delle proprie esigenze, imparare a stabilire confini sani e cercare supporto da professionisti qualificati. La terapia può aiutare a ricostruire l'autostima e a sviluppare strategie di comunicazione assertiva per porre fine a queste dinamiche abusive.

Se ci si rende conto di avere una inclinazione all'uso di queste espressioni, si deve immediatamente riflettere sulle emozioni che stanno sorgendo e capire che c'è un nesso con esse, ma soprattutto, bisogna comprendere che le emozioni non ci danno immediatamente l'autorizzazione a sfogarci sugli altri. Il fatto che qualcuno stia facendo qualcosa o si comporti in un modo che non è in linea con quello che vogliamo non ci dà nessun diritto di ferirlo. Possiamo dire "Non mi piace questa cosa" o spiegare perché un certo gesto ci procura malessere, ma non si può dare un giudizio di valore alle persone solo perché queste non fanno esattamente quello che vogliamo. Se sentiamo questo desiderio, dobbiamo riflettere sul fatto che siamo di fronte alla necessità di manipolare gli altri; può essere che sentiamo tale bisogno con tutti (il che è molto grave) o solo con una persona (che può essere grave quando si sfocia nella crudeltà). In ogni caso, non ci sono scusanti e non si deve mai pensare di ricorrere a queste frasi in una coppia, né da una parte né dall'altra della relazione. Alcune donne sono convinte infatti che gli uomini debbano reggere gli insulti, le vessazioni, l'animosità, e che sia parte del loro compito in quanto "maschi forti". Non è questa la sede per analizzare questo tipo di comportamento, ma vi basterà sapere che è sbagliato sotto ogni punto di vista.

Gli uomini, d'altro canto, devono essere consapevoli che la loro violenza verbale può essere più minacciosa e che può avere effetti molto più pesanti in quanto la forza fisica superiore che possono esprimere ne fa immediatamente dei soggetti più pericolosi, all'interno degli equilibri di una coppia, e questo va ad aggravare ogni messaggio lanciato con ira, anche se non si vuole essere minacciosi.

8.2 – La violenza fisica

La violenza fisica all'interno di una relazione è una forma estrema di abuso che rappresenta una chiara violazione dei diritti e della dignità umana. Questo tipo di violenza può causare gravi danni sia fisici che psicologici alle persone coinvolte.

La violenza fisica può manifestarsi attraverso l'uso di aggressioni fisiche, come colpi, schiaffi, spintoni, strangolamenti o altre forme di maltrattamento che provocano dolore fisico e lesioni. Questi atti violenti sono inaccettabili e non devono mai essere tollerati in una relazione sana.

Gli effetti psicologici della violenza fisica sono profondi e duraturi. Le persone che subiscono violenza fisica possono sviluppare sintomi di trauma, tra cui ansia, depressione, disturbi dell'umore e disturbo da stress post-traumatico. Possono sperimentare una diminuzione dell'autostima e una crescente sensazione di paura, insicurezza e disperazione.

È importante comprendere che la violenza fisica non è mai giustificata e non può essere attribuita a una qualsiasi causa o provocazione. Non esistono scuse per la violenza fisica, né può essere considerata una manifestazione di amore o di preoccupazione. È un comportamento abusivo e dannoso che deve essere condannato e contrastato.

Per porre fine alla violenza fisica, è necessario cercare aiuto immediato e mettere in atto misure di sicurezza. Le vittime devono essere sostenute nella ricerca di assistenza da parte di professionisti qualificati, come operatori sociali, psicologi, avvocati specializzati in violenza domestica e centri di assistenza alle vittime. È fondamentale rompere il ciclo della violenza e ricostruire una vita libera da abusi.
La violenza fisica non è mai accettabile né giustificabile in una relazione. Tutti abbiamo il diritto di vivere in un ambiente sicuro e rispettoso, libero da violenza e abusi. È importante educare la società e promuovere una cultura di rispetto reciproco e di relazioni sane, in cui la violenza sia completamente respinta e condannata.

Capitolo 9 – Tollerare l'intollerabile

Qual è il limite della tolleranza? Quali sono le necessità oggettive di una persona che vuole vivere una relazione normale? Come si fa a capire se si sta passando il segno? Chiaramente, non si può accettare né contemplare la violenza. Ma questo è un segno già particolarmente evidente di problematiche che sono esplose; perciò, bisogna essere lungimiranti e capire quando qualche elemento di disturbo può trasformarsi in un "casus belli" domestico. Per questo, più avanti troverete una lista di cose intollerabili da non fare mai e da non sopportare.

Diciamo da subito che ogni relazione è diversa, e che ciascuno di noi ha una finestra di tolleranza molto differente dagli altri. Ci sono anche fattori culturali per cui alcuni soggetti sono portati a credere che determinati atteggiamenti siano provocatori o disfunzionali, e gli stessi gesti possono essere invece assolutamente accettati all'interno di altri contesti differenti.
Noi dobbiamo sforzarci di vivere nel contesto più civile ed evoluto possibile, e non possiamo cedere agli impulsi più primitivi e distruttivi, ovviamente, e neanche a comportamenti che fino a qualche anno fa erano reputati normali ma che invece sappiamo essere negativi.

Un esempio? Pensate a quanto sia sbagliato urlare. Provate a immaginare qualche persona o qualche personaggio (anche di fantasia) abituato a esprimersi gridando e agitandosi. Vorreste mai avere accanto un individuo del genere? No, vero? E allora, come mai, statisticamente parlando, è molto probabile che abbiate almeno una volta soprasseduto davanti a questo difetto e l'abbiate reputato un tratto della personalità di quella persona?

È successo perché, per un momento, avete pensato che fosse normale, forse perché lo è stato per i vostri genitori, o per altre coppie che avete visto da vicino. Beh, non lo è. Nessuno dovrebbe reagire con rabbia nei vostri confronti: siete grandi, siete responsabili delle vostre azioni e non meritate punizioni emotive: o così o niente relazione.

9.1 – Una serie di cose intollerabili

Intanto, per capire meglio quali siano i comportamenti intollerabili, ho stilato una breve lista di cose che non dovrebbero mai capitare. Se succedono, dovete cogliere un segnale d'allarme. Se siete voi stessi a sentire la necessità di comportarvi con questi atteggiamenti, allora il segnale d'allarme è doppio e dovete immediatamente fermarvi a riflettere a quello che vi sta succedendo.

Ecco un elenco di quindici cose che non si dovrebbero tollerare in una relazione sentimentale:

1. Mancanza di rispetto: la mancanza di rispetto è un chiaro segnale che qualcosa non va nella relazione. Insulti, umiliazioni, sarcasmo e comportamenti offensivi minano la fiducia e l'autostima;

2. Manipolazione emotiva: essa è un modo subdolo di controllare l'altro attraverso il ricorso a sentimenti di colpa, minacce o ricatti. Questo comportamento danneggia la libertà e l'autonomia della persona coinvolta;

3. Violenza fisica o verbale: la violenza fisica o verbale non dovrebbe mai essere tollerata in una relazione. Questo tipo di comportamento è inaccettabile e può causare gravi danni fisici ed emotivi;

4. Infedeltà: l'infedeltà mina la fiducia e la stabilità della relazione. La mancanza di fedeltà e rispetto verso il partner può causare profonde ferite emotive e rendere difficile la ricostruzione della fiducia;

5. Controllo e possessività eccessivi: essi sono chiari segni di una relazione malsana. Questo comportamento limita l'autonomia e la libertà dell'altro, creando un ambiente di insicurezza e oppressione;

6. Negligenza emotiva: la negligenza emotiva si manifesta quando il partner non presta attenzione ai bisogni emotivi dell'altro. La mancanza di sostegno, comprensione e connessione emotiva può causare solitudine e insoddisfazione nella relazione;

7. Mancanza di comunicazione aperta e onesta: simili dinamiche possono portare a fraintendimenti, rancori accumulati e risentimenti. La comunicazione è fondamentale per affrontare i problemi e costruire una relazione sana;

8. Menzogne e tradimenti: la mancanza di sincerità e l'inganno minano la fiducia e l'integrità della relazione. La mancanza di onestà crea un ambiente di insicurezza e instabilità;

9. Assenza di sostegno reciproco: una relazione sana richiede il sostegno reciproco. Se uno dei partner non è in grado di offrire sostegno emotivo, affettivo o pratico, la relazione può diventare squilibrata e insoddisfacente;

10. Disinteresse verso le esigenze e i desideri dell'altro: è un segno di mancanza di impegno e considerazione. La relazione richiede l'attenzione e la cura reciproca;

11. Controllo finanziario: il controllo finanziario può essere un modo di esercitare potere e controllo sulla vita dell'altro. Questo comportamento limita l'autonomia e la libertà finanziaria dell'altro, creando una dipendenza e uno squilibrio nella relazione;

12. Isolamento sociale: l'isolamento sociale può essere un segno di controllo e manipolazione. Quando un partner cerca di isolare l'altro, si crea dipendenza e si limitano le opportunità di crescita personale e relazionale;

13. Mancanza di supporto nella realizzazione dei propri obiettivi: una relazione sana richiede il supporto reciproco nella realizzazione dei propri obiettivi e sogni. Se un partner non sostiene le aspirazioni dell'altro, si crea un ambiente di frustrazione e insoddisfazione;

14. Dominio eccessivo delle decisioni: la presa di decisioni unilaterali senza coinvolgere l'altro partner può creare un senso di mancanza di controllo e di inutilità. La condivisione delle decisioni è importante per il benessere e l'equilibrio della relazione;

15. Rifiuto di cercare aiuto professionale per i problemi di coppia: Se i problemi nella relazione diventano insormontabili, è importante essere disposti a cercare un aiuto professionale. Il rifiuto di affrontare i problemi e cercare soluzioni può portare a una stagnazione e al persistere di dinamiche disfunzionali.

È fondamentale comprendere che questi comportamenti non solo sono dannosi per la relazione stessa, ma possono anche influenzare negativamente la salute mentale e il benessere delle persone coinvolte. È importante riconoscere i segnali di una relazione tossica e cercare il sostegno adeguato a creare una relazione più sana e soddisfacente.

Capitolo 10 – Come guardarsi dentro e dire "Basta!"

La propria integrità e la tutela della propria dignità sono fondamentali in qualsiasi relazione. Non importa se si è vittime di un comportamento manipolatorio, abusivo o limitante da parte di un narcisista, uno psicopatico, un sadico o qualsiasi altra persona che cerchi di calpestare la nostra vita. Ognuno di noi ha il diritto di vivere una vita felice e soddisfacente, libera da relazioni tossiche e dannose.

La dipendenza affettiva non deve mai essere un lasciapassare per permettere agli altri di maltrattarci o limitare la nostra libertà. È importante che le persone che soffrono di dipendenza affettiva si rendano conto del proprio valore e della propria dignità. Devono interrogarsi su ciò che veramente desiderano e avere il coraggio di mettere sé stesse al primo posto.

10.1 – Un esercizio di consapevolezza: "COME STO?"

Un esercizio di consapevolezza che può aiutare in questo processo consiste nel trovare un momento di solitudine, fuori dal controllo o dallo sguardo altrui, fosse anche soltanto all'interno di un bagno, e chiudere gli occhi, e farsi una domanda (anzi, due). Oppure, potete farlo proprio adesso, mentre scorrete con gli occhi queste righe in cui trovare la domanda fondamentale:

"Come mi sento?"

Date una risposta immediata, senza riflettere troppo. Successivamente, visualizzate il vostro partner e chiedersi senza riflettere sulla risposta:

"Come mi fa sentire?"

Ascoltate la risposta che emerge dal vostro cuore.
Questa semplice pratica di auto-riflessione può fornire una chiara indicazione delle emozioni e dei sentimenti che una persona suscita in noi. Se ci si rende conto che la relazione ci provoca dolore, sofferenza, paura o limita la nostra libertà, è fondamentale prendere atto di questa realtà e prendere le misure necessarie per proteggere sé stessi.
Potrebbe essere necessario fare scelte difficili, come fare le valigie di nascosto o contattare qualcuno per chiedere aiuto e fuggire da una situazione tossica. Ma è importante ricordare che la propria felicità e il proprio benessere sono prioritari. Nessuno merita di essere maltrattato o limitato nelle proprie libertà.

Quindi, incoraggio le persone che soffrono di dipendenza affettiva a trovare la forza interiore per prendere decisioni che promuovano il proprio benessere. Cercare supporto da amici, familiari o professionisti qualificati può essere un passo importante per intraprendere un cammino verso una vita più sana e soddisfacente.

Ricordate, meritate di essere amati, rispettati e trattati con dignità. Non abbiate paura di cercare la felicità.

PARTE TERZA

IL DIPENDENTE AFFETTIVO IN FAMIGLIA E IN AMICIZIA

Capitolo 1 – I genitori manipolativi

Spesso, le radici della dipendenza affettiva possono essere rintracciate fino alla prima infanzia e adolescenza, in particolare alle relazioni con i genitori. Un ambiente genitoriale disfunzionale può seminare i semi di problematiche affettive future, creando individui che cercano disperatamente l'affetto in partner disfunzionali.

1.1 - La Disfunzione Genitoriale

La disfunzione genitoriale è un termine ombrello che abbraccia una vasta gamma di comportamenti dannosi. Può essere manifestata in genitori che sono troppo controllanti, ponendo aspettative irrealistiche sul bambino e limitando la sua autonomia; genitori che sono troppo distanti, negando il supporto emotivo di cui il bambino ha bisogno per crescere; genitori inconsistenti, che possono alternare momenti di affetto con periodi di freddezza o rifiuto; o genitori manipolatori, che utilizzano l'affetto come strumento di controllo.

1.2 - Teoria dell'Attaccamento di Bowlby

Secondo il Dr. John Bowlby, che abbiamo già detto essere uno psicologo e psicoanalista britannico noto per la sua teoria, un attaccamento sicuro nei primi anni di vita è fondamentale per un sano sviluppo emotivo. Bowlby ha sostenuto che un attaccamento sicuro ai genitori o ai caregiver principali durante l'infanzia crea un modello interno di lavoro - una struttura cognitiva che il bambino utilizza per capire il mondo e le relazioni interpersonali.

Quando l'attaccamento è insicuro, tuttavia, il modello interno di lavoro del bambino può diventare distorto. Il bambino può iniziare a vedere sé stesso come indesiderabile o insignificante, e gli altri come non affidabili o minacciosi. Questa visione distorta di sé e degli altri può portare a problematiche come la dipendenza affettiva.

1.3 - L'Impatto della Mancanza di un Attaccamento Sicuro

Secondo la classificazione di Mary Ainsworth, una collaboratrice di Bowlby, esistono tre principali tipi di attaccamento insicuro: ansioso-ambivalente, evitante e disorganizzato.

L'attaccamento ansioso-ambivalente si sviluppa quando il caregiver è incoerente nel rispondere alle esigenze del bambino. Questo può portare il bambino a diventare estremamente ansioso e insicuro, e a cercare costantemente l'approvazione e l'affetto degli altri.

L'attaccamento evitante si sviluppa quando il caregiver respinge o ignora regolarmente le esigenze del bambino. Questo può portare il bambino a diventare indipendente e distante nelle relazioni, evitando l'intimità e l'affetto.

L'attaccamento disorganizzato si sviluppa quando il caregiver è simultaneamente una fonte di paura e conforto per il bambino. Questo può portare il bambino a comportarsi in modi imprevedibili e caotici, alternando l'attaccamento e l'evitamento.

In ognuno di questi casi, l'individuo può sviluppare problematiche di dipendenza affettiva, cercando disperatamente l'affetto e l'approvazione che non ha ricevuto durante l'infanzia. Questo può portare a un ciclo di relazioni disfunzionali, in cui l'individuo si aggrappa a partner manipolatori o non adattivi in un tentativo di soddisfare le proprie esigenze emotive insoddisfatte.
Da un punto di vista della scuola di Palo Alto, il problema della comunicazione e dell'interazione tra genitori e figli è cruciale. Quando un genitore usa l'affetto come moneta di scambio, il messaggio inviato al bambino è che il suo valore dipende dal comportamento e non dal suo essere. Questa prospettiva può creare un conflitto interno nel bambino, che può sentirsi costretto a modificare il proprio comportamento o a nascondere la propria identità per ottenere amore e accettazione.

Il percorso verso la guarigione da queste dinamiche dannose include il riconoscimento e la comprensione delle dinamiche genitoriali disfunzionali, l'apprendimento di nuovi modi di relazionarsi con gli altri, e la costruzione di un sano senso dell'io. Solo così si può spezzare il ciclo della dipendenza affettiva e costruire relazioni sane ed equilibrate.

1.4 - Il Ciclo della Dipendenza Affettiva

Secondo uno studio pubblicato sulla rivista "Clinical Psychology Review", i bambini che crescono in un ambiente genitoriale disfunzionale hanno più probabilità di sviluppare relazioni con queste caratteristiche in età adulta. Questo ciclo perpetuo può portare a relazioni in cui gli individui si sentono "complementari" a un partner narcisista manipolatore.

In queste relazioni, la persona con dipendenza affettiva può sentirsi attratta dal narcisista perché, in qualche modo, riproduce la dinamica familiare dell'infanzia. Questa condizione di sudditanza emotiva viene spiegata in modo incisivo nel libro "Il Prigioniero del Cielo" di Richard Schwartz, che esplora l'interazione tra le parti interne dell'individuo e i modelli relazionali appresi in età precoce.

1.5 - La madre disfunzionale: un esempio

Immagina una madre chiamata Maria. Maria è una donna molto ansiosa che ha difficoltà a gestire le proprie emozioni. Non avendo mai avuto un modello stabile di attaccamento sicuro nella propria infanzia, Maria non sa come fornire questo tipo di attaccamento a sua figlia, Lucia.

La madre di Lucia, Maria, è altamente variabile nel suo comportamento. Ci sono giorni in cui è affettuosa e premurosa, e giorni in cui è fredda e distante. A volte, Maria elogia Lucia per le sue realizzazioni, mentre in altre occasioni critica aspramente Lucia per gli stessi comportamenti. Maria può anche utilizzare l'affetto come una sorta di moneta di scambio, ritirandolo se Lucia non si comporta come desidera.
Questa incostanza crea una grande confusione per Lucia. Non sa mai a cosa aspettarsi da sua madre e sviluppa un senso di ansia e insicurezza. Inizia a credere che l'affetto di sua madre debba essere guadagnato, e che sia una riflessione del suo valore come individuo. Di conseguenza, Lucia sviluppa uno stile di attaccamento ansioso-ambivalente. Desidera l'approvazione e l'amore di sua madre, ma teme anche il rifiuto.

Nell'età adulta, Lucia potrebbe cercare relazioni in cui deve lavorare duramente per l'approvazione e l'affetto del suo partner, riflettendo la dinamica che ha sperimentato con sua madre. Potrebbe anche avere difficoltà a fidarsi degli altri e a stabilire legami sicuri, poiché ha imparato fin da piccola che l'affetto può essere ritirato in qualsiasi momento.

Questo esempio illustra come un genitore disfunzionale possa creare un ambiente che porta a uno stile di attaccamento non sicuro nel bambino. Tuttavia, è importante ricordare che con la terapia e il sostegno, gli individui possono lavorare per superare queste difficoltà e costruire relazioni più sane ed equilibrate.

1.6 - Il padre disfunzionale: un esempio

Consideriamo il caso di un padre chiamato Marco. Marco è una persona che ha sempre dato molta importanza alla propria carriera e alla propria indipendenza. Non ha mai avuto un rapporto molto stretto con suo figlio, Andrea, preferendo mantenere una certa distanza.

Marco è spesso assente, sia fisicamente sia emotivamente. Non partecipa alle attività di Andrea, non mostra interesse per le sue passioni e non fornisce sostegno emotivo quando Andrea ne ha bisogno. Marco può anche usare l'affetto come un mezzo per manipolare Andrea. Ad esempio, può negare l'affetto quando Andrea si comporta in un modo che non approva, e offrirlo quando Andrea si conforma alle sue aspettative.

Questa dinamica crea in Andrea un senso di rifiuto e una mancanza di autostima. Non avendo mai avuto l'affetto e l'approvazione incondizionata del padre, Andrea può iniziare a credere che debba guadagnarsi l'amore degli altri attraverso il comportamento e le prestazioni. Di conseguenza, Andrea sviluppa uno stile di attaccamento evitante. Apprende che è meglio non fare affidamento sugli altri per il sostegno emotivo, e può diventare molto autosufficiente e distante nelle relazioni.
Nell'età adulta, Andrea potrebbe cercare relazioni in cui mantiene una certa distanza emotiva, temendo il rifiuto se si mostra troppo vulnerabile. Può anche avere difficoltà a esprimere le sue emozioni e a ricevere affetto, poiché ha imparato che l'affetto può essere usato come strumento di manipolazione.

Questo esempio illustra come un genitore distaccato e manipolativo possa influenzare lo sviluppo di uno stile di attaccamento non sicuro in un bambino. Tuttavia, è importante sottolineare che, con il giusto supporto e la terapia, è possibile lavorare su questi problemi e sviluppare capacità di relazione più sane e funzionali.

Capitolo 2 – La continua richiesta di attenzioni

Le persone che sviluppano un bisogno costante di attenzioni e approvazione, spesso lottano con un basso senso di autostima e un forte senso di insicurezza. Questa tendenza può avere le sue radici in un'infanzia in cui l'amore e l'attenzione non erano costanti o prevedibili, come discusso in precedenza nei contesti di genitorialità disfunzionale.

In uno studio pubblicato nel "Journal of Personality and Social Psychology" del 2002, è stato dimostrato che le persone con bassa autostima spesso cercano l'approvazione degli altri come un modo per cercare di accrescere questa caratteristica. Tuttavia, questa strategia tende a essere controproducente, perché rende l'autostima di queste persone altamente dipendente dall'opinione altrui. Esistono diverse modalità attraverso le quali questa costante ricerca di approvazione può manifestarsi:

- Modalità apparentemente funzionali: In queste situazioni, l'individuo può diventare servile, cercando di compiacere gli altri in ogni modo possibile. Questa strategia può sembrare funzionare a breve termine, perché può portare ad approvazione e attenzioni positive. Tuttavia, può anche condurre a un senso di esaurimento e insoddisfazione, perché l'individuo non è in grado di soddisfare i propri bisogni e desideri;
- Modalità non funzionali: In queste situazioni, l'individuo può cercare di colmare il vuoto emotivo attraverso comportamenti autodistruttivi, come l'abuso di sostanze o l'autolesionismo. Questi comportamenti possono portare a un sollievo temporaneo, ma tendono a peggiorare il problema a lungo termine, causando ulteriore sofferenza e instabilità emotiva;

- Modalità disfunzionali di alto livello: In queste situazioni, l'individuo può adottare comportamenti estremi, come attività criminali o provocazioni continue. Questi comportamenti possono essere un modo per attirare l'attenzione e sfidare l'autorità, ma possono anche portare a gravi conseguenze legali e sociali.

È importante sottolineare che, nonostante le difficoltà associate a queste modalità, la terapia e il sostegno possono aiutare gli individui a sviluppare un senso di autostima più solido e a costruire relazioni più sane. Gli approcci come la terapia cognitivo-comportamentale, la terapia centrata sulla persona e la terapia sistemica breve, come quella proposta dalla scuola di Palo Alto, possono essere particolarmente efficaci.

2.1 – Il "Grido di aiuto"

In molti casi, i comportamenti disfunzionali o illegali negli adolescenti possono essere visti come un grido di aiuto. Questi individui spesso si sentono persi, confusi e soli, e possono usare il comportamento disfunzionale come un mezzo per esprimere il loro dolore e la loro frustrazione.

Un articolo pubblicato nel "Journal of Youth and Adolescence" del 2007, intitolato "Behavioral and Emotional Problems as a Risk Factor for Unresolved Attachment Representations in Adolescents", suggerisce che l'incapacità di formare un attaccamento sicuro in tenera età può portare a comportamenti problematici durante l'adolescenza. L'adolescente che non ha avuto un attaccamento sicuro può sentirsi insicuro, non amato e non compreso. Può sentire che non c'è nessuno su cui contare e può sviluppare un senso di svalutazione.

Senza una figura genitoriale solida su cui contare, questi adolescenti possono cercare figure sostitutive nelle persone sbagliate. Possono cercare appartenenza in gruppi o gang che incoraggino comportamenti disfunzionali o illegali. Questo può sembrare un modo per ottenere l'accettazione e l'affetto di cui hanno bisogno.

Allo stesso tempo, i comportamenti disfunzionali o illegali possono essere un modo per scaricare le tensioni. Comportamenti come l'abuso di sostanze, l'autolesionismo o la delinquenza possono fornire un sollievo temporaneo dal dolore emotivo. Possono anche essere visti come una sorta di ribellione contro un mondo che l'adolescente percepisce come ingiusto o insensibile.
Tuttavia, essi possono portare a gravi conseguenze a lungo termine, tra cui problemi di salute, difficoltà nell'educazione, problemi legali e problemi di relazione. Ecco perché è così importante fornire a questi adolescenti il sostegno di cui hanno bisogno. La terapia può aiutare questi individui a comprendere e affrontare le loro difficoltà emotive, a costruire un senso di autostima e a sviluppare strategie più sane per affrontare lo stress e le frustrazioni. Gli approcci come la terapia cognitivo-comportamentale, la terapia di accettazione e impegno, e la terapia familiare possono essere particolarmente utili.

2.2 – La personalità senza sostegno e l'accondiscendenza

Per molti individui con attaccamenti emotivi disfunzionali, il bisogno di approvazione e di affetto può diventare talmente prepotente da sovrastare la propria autostima e i propri interessi. Questa situazione può portare a un comportamento di accondiscendenza, dove l'individuo si conforma alle esigenze e ai desideri degli altri, spesso a scapito del proprio benessere.

La psicologa Marsha Linehan, fondatrice della terapia comportamentale dialettica, ha studiato a fondo il comportamento autodistruttivo e l'accondiscendenza nelle persone con disturbo borderline di personalità (BPD), un disturbo spesso associato a stili di attaccamento insicuri. Secondo Linehan, molte persone con BPD si sentono vuote e non valide, e possono cercare di colmare questo vuoto attraverso l'approvazione degli altri. In altre parole, possono sentirsi "reali" solo quando ricevono l'attenzione e l'approvazione di qualcuno su cui hanno proiettato le loro necessità emozionali.

Questa dipendenza dall'approvazione altrui può portare a una serie di comportamenti dannosi. Ad esempio, l'individuo può accettare di svolgere attività che non gli piacciono, o può tollerare comportamenti abusivi pur di mantenere l'approvazione dell'altra persona. Questa accondiscendenza può anche estendersi alla sfera sessuale, portando l'individuo a partecipare a attività sessuali degradanti o che non rispecchiano i propri gusti.
Inoltre, l'individuo può allontanare le persone a lui care per evitare di perdere la persona su cui ha proiettato le sue necessità emozionali. Questo comportamento di accondiscendenza può portare all'isolamento sociale, che a sua volta può esacerbare il senso di vuoto e solitudine dell'individuo.

L'accondiscendenza può anche portare l'individuo a non difendere i propri interessi. Può avere paura di esprimere le proprie opinioni o di fare richieste, temendo che ciò possa causare il rifiuto o l'abbandono dell'altra persona. Questa paura può portare l'individuo a sopprimere i propri bisogni e desideri, causando un ulteriore danno alla propria autostima.
Mentre l'accondiscendenza può sembrare una soluzione a breve termine al bisogno di approvazione e affetto, a lungo termine può portare a una serie di problemi, tra cui la perdita dell'identità personale, il risentimento, la depressione e l'ansia.

La terapia comportamentale dialettica (DBT) di Linehan, tra altri approcci, può essere molto utile per le persone che lottano con questi problemi. La DBT aiuta le persone a sviluppare abilità di regolazione delle emozioni, tolleranza della sofferenza, consapevolezza del momento presente ed efficacia interpersonale, che possono aiutare a contrastare l'accondiscendenza e a sviluppare un senso più sano di sé.

Capitolo 3 – I rapporti simbiotici

In psicologia, i rapporti simbiotici sono spesso visti come relazioni in cui due individui diventano fortemente dipendenti l'uno dall'altro per soddisfare le proprie esigenze emotive. Questa dipendenza può sembrare in superficie una sinergia funzionale, una sorta di danza in cui ciascuno anticipa e risponde ai bisogni dell'altro. Tuttavia, in molti casi, queste dinamiche possono diventare disfunzionali e potenzialmente dannose.

Un articolo del 2016 sulla rivista "Psychological Bulletin" sottolinea che le relazioni simbiotiche possono sembrare armoniose all'inizio, ma possono facilmente scivolare in un territorio disfunzionale. Un individuo può iniziare a perdere la propria identità nell'altro, compromettendo la propria autonomia e indipendenza. L'articolo sostiene che questo può portare a una serie di conseguenze negative, tra cui l'insoddisfazione relazionale, l'ansia, la depressione e una ridotta capacità di affrontare lo stress. Un altro studio del 2015 pubblicato su "Clinical Psychology Review" sottolinea che le dinamiche di potere sono spesso al centro delle relazioni simbiotiche disfunzionali. In molti casi, un partner può assumere un ruolo dominante, manipolando l'altro per mantenere la relazione su termini che lo favoriscono. Il partner subalterno, spesso motivato da una paura intensa dell'abbandono o da un senso distorto di responsabilità verso l'altro, può tollerare comportamenti abusivi o lesivi.

Le relazioni simbiotiche diventano particolarmente problematiche quando coinvolgono individui con carenze emotive o problemi di salute mentale. Una recensione del 2017 sul "Journal of Marital and Family Therapy" evidenzia che le persone con dipendenza affettiva, ad esempio, possono essere particolarmente suscettibili a cadere in relazioni simbiotiche disfunzionali. Queste persone possono cercare relazioni che sembrano fornire un senso di sicurezza e attenzione, ma che spesso peggiorano la loro dipendenza e la loro angoscia emotiva.

In pratica, mentre le relazioni simbiotiche possono sembrare funzionali in superficie, possono diventare facilmente disfunzionali, soprattutto quando coinvolgono individui con problemi di salute mentale o carenze emotive. È importante ricordare che, anche se questi rapporti possono sembrare soddisfare certe esigenze nel breve termine, a lungo termine possono portare a un deterioramento della salute mentale ed emotiva.

3.1 – Come si comportano i rapporti simbiotici

Ecco un elenco di rapporti simbiotici disfunzionali legati alla dipendenza affettiva, che comprendono una vasta gamma di dinamiche:

- Dipendente Affettivo e Narcisista Manipolatore: in questo scenario, un individuo con dipendenza affettiva si lega a un narcisista manipolatore, diventandone il succube. L'individuo con dipendenza affettiva è costantemente alla ricerca di approvazione, mentre il narcisista manipolatore ha bisogno di qualcuno che rafforzi la propria autostima. Secondo un articolo del 2012 sulla rivista "Clinical Psychology Review", queste relazioni sono spesso caratterizzate da un ciclo di idealizzazione e devalutazione, in cui il narcisista alterna momenti di lode intensa a momenti di critica e abuso. Una frase tipica del manipolatore è "Non vuoi aiutarmi?" anche quando è palese che l'altro vorrebbe ma non può perché non ne ha i mezzi, a meno di non fare qualcosa di molto distruttivo per sé stesso, cosa che il narcisista invece esige come "sacrificio" per il proprio piacere egoico e i propri scopi;

- Dipendente Affettivo e Psicopatico-Sadico: in questa coppia, l'individuo con dipendenza affettiva può finire in una situazione pericolosa, in cui è vittima di abusi fisici e/o emotivi. L'individuo con tendenze psicopatiche-sadiche può godere di manipolazione e controllo, e la persona dipendente può sentirsi intrappolata e impotente. Questa combinazione può portare a rischi significativi per l'incolumità dell'individuo dipendente;
- Dipendente Affettivo e Partner "Salvatore": un individuo con dipendenza affettiva può legarsi a un partner che cerchi di "salvarlo". Tuttavia, il partner potrebbe diventare sopraffatto dal peso della dipendenza affettiva dell'altro e alla fine potrebbe allontanarsi. Questa dinamica può causare dolore e instabilità per entrambe le parti;
- Dipendente Affettivo e Partner Depresso: qui, l'individuo con dipendenza affettiva può cercare di "salvare" il partner depresso, sacrificando i propri bisogni e desideri nel processo. Tuttavia, la depressione è una condizione seria che richiede un trattamento professionale, e un individuo con dipendenza affettiva non è attrezzato per gestirla da solo. Questa dinamica può portare a un'ulteriore erosione dell'autostima dell'individuo dipendente;
- Dipendente Affettivo e Partner Anaffettivo: un individuo con dipendenza affettiva può cercare di suscitare l'affetto di un partner anaffettivo, sperando di "risolvere" il proprio trauma infantile. Tuttavia, questa è una battaglia in salita, in quanto un partner anaffettivo potrebbe non essere in grado di fornire l'affetto e il sostegno emotivo di cui l'individuo dipendente ha bisogno;
- Doppia Dipendenza Affettiva: in questo scenario, entrambi i partner soffrono di dipendenza affettiva e possono alternarsi nel ruolo di "salvatore". Questa dinamica può portare a una relazione estremamente instabile e carica di tensione.

Ognuna di queste dinamiche presenta sfide uniche e può portare a un ulteriore deterioramento della salute mentale ed emotiva dell'individuo con dipendenza affettiva.

3.2 – La crisi della relazione simbiotica: da interazione "perfetta" a inferno di coppia

Il punto di crisi in una relazione simbiotica si verifica quando l'equilibrio apparente del rapporto viene disturbato in maniera significativa, spesso quando la disfunzione intrinseca alla relazione viene portata alla luce. Questo può succedere quando una o entrambe le parti iniziano a riconoscere l'insostenibilità della dinamica o quando circostanze esterne espongono la fragilità del legame.

Secondo uno studio del 2018 pubblicato nel "Journal of Social and Personal Relationships", uno degli indicatori chiave del raggiungimento di questo punto di crisi è l'esaurimento emotivo. Ciò può manifestarsi come stanchezza, irritabilità, ansia, depressione o una sensazione di vuoto. Il partner che si è adattato a soddisfare i bisogni dell'altro può iniziare a sentirsi svuotato e soffocato, perdendo il senso di sé e la capacità di definire i propri bisogni e desideri.

Allo stesso modo, l'individuo che si è appoggiato all'altro per il sostegno emotivo può iniziare a sentire un'insaziabile necessità di rassicurazione, affetto e attenzione, cosa che può diventare sempre più difficile da ottenere. Ciò può portare a comportamenti di accaparramento, manipolazione, o gelosia estrema, che possono aggravare ulteriormente la situazione.

Un altro punto critico si verifica quando uno o entrambi i partner iniziano a riconoscere la tossicità della relazione. Un articolo del 2019 sul "Journal of Family Psychology" mette in luce come il riconoscimento di una relazione come tossica possa spesso essere un momento di svolta, un punto di crisi che porta alla rottura del ciclo disfunzionale.
Tuttavia, questo momento di realizzazione può essere doloroso e caotico, poiché può scatenare intense paure di abbandono, rifiuto e insufficienza. Se non affrontate in modo appropriato, queste paure possono esacerbare i comportamenti disfunzionali e portare a una spirale di instabilità emotiva e conflitto relazionale.

In sintesi, il punto di crisi in una relazione simbiotica si verifica quando la disfunzione della relazione diventa insostenibile ed evidente. Questo può portare a una serie di conseguenze emotive e comportamentali che possono aggravare ulteriormente la situazione se non vengono affrontate in modo appropriato. Pertanto, è essenziale cercare un supporto professionale per affrontare queste dinamiche e promuovere il benessere individuale e relazionale.

Capitolo 4 – La paura della solitudine

La paura della solitudine è un tema tanto profondamente radicato nella psiche umana quanto universalmente esplorato in ogni aspetto della nostra cultura. Da un punto di vista filosofico, l'essere umano è essenzialmente un essere sociale; come ha scritto Aristotele nella sua "Politica", "L'uomo è per natura un animale sociale", e l'isolamento va contro la sua natura intrinseca.
Questo concetto viene ulteriormente rafforzato dal punto di vista evolutivo: l'uomo primitivo, per sopravvivere, necessitava della comunità. L'isolamento era associato a una minore possibilità di sopravvivenza. Questo timore ancestrale ha continuato a persistere nel tempo, eppure la solitudine, vista in un'altra luce, può essere uno stato di profonda riflessione e auto-riconoscimento.

La paura della solitudine permea anche il mondo dell'arte e della cultura popolare. La canzone dei Beatles "Eleanor Rigby" descrive la solitudine come una condizione umana triste e inevitabile: "Ah, guarda tutte le persone solitarie... Dove trovano tutti il loro posto?"

Lo stesso sentimento è presente nella poesia di Emily Dickinson, "Nessuno conosce così bene la solitudine". La poetessa americana sottolinea come la solitudine possa diventare una compagna costante, un'esperienza condivisa solo da chi la vive in prima persona.
Anche nella filosofia contemporanea, come nelle opere di Jean-Paul Sartre, la solitudine è stata esplorata come una condizione intrinseca dell'esistenza umana. Per Sartre, l'isolamento è inevitabile, poiché "L'inferno sono gli altri".

Tuttavia, anche se la paura della solitudine può essere angosciante, la filosofia ci insegna che la solitudine può anche offrire l'opportunità di una più profonda comprensione di sé. Come scrisse il filosofo danese Søren Kierkegaard, "La vita può essere compresa solo all'indietro, ma deve essere vissuta in avanti."

Riconoscere la nostra innata paura della solitudine, quindi, non deve necessariamente condurci a una disperata ricerca di connessione a tutti i costi, ma può invece portarci a una più profonda introspezione e consapevolezza di noi stessi.

4.1 Le conseguenze della paura

La paura della solitudine e l'ansia da separazione possono condurre le persone a vari comportamenti compensatori in un tentativo di attutire o evitare tali sentimenti. Questi comportamenti, sebbene possano offrire un sollievo temporaneo, spesso non affrontano le radici del problema e possono avere conseguenze negative.

- <u>Dipendenza affettiva</u>: Questo è uno degli esiti più comuni dell'ansia da separazione. In uno studio del 2014 di Barone e colleghe, pubblicato nel "Journal of Affective Disorders", è stato trovato che le persone con ansia da separazione tendono a dipendere eccessivamente dalle loro relazioni per la validazione e l'autostima. Questo può portare a relazioni squilibrate, dove la persona con ansia da separazione può trascurare i propri bisogni e confini per accontentare l'altro.
- <u>Relazioni malsane</u>: Spesso, l'ansia da separazione può condurre a relazioni tossiche o abusive. In un articolo del 2016 di Bifulco e Thomas, pubblicato nella "European Journal of Psychotraumatology", si sostiene che le persone con ansia da separazione possono essere più inclini a

tollerare comportamenti abusivi o manipolatori nei loro partner a causa della paura di essere lasciati.
- <u>Comportamenti impulsivi</u>: La paura della solitudine può anche portare a comportamenti impulsivi, come decisioni precipitose nell'amore o nell'amicizia. Un articolo del 2018 di Meyer, Nutt, Wilson, & Starcevic, pubblicato su "Psychiatric Clinics of North America", ha evidenziato come l'impulsività possa essere legata alla paura della solitudine e all'ansia da separazione.
- <u>Evitamento della solitudine</u>: Alcune persone possono evitare la solitudine a tutti i costi, impegnandosi in attività frenetiche o mantenendo costantemente la compagnia di altri. Tuttavia, uno studio del 2020 di Maes, Qualter, Vanhalst, Van den Noortgate, & Goossens, pubblicato su "Personality and Individual Differences", ha mostrato che evitare la solitudine può effettivamente peggiorare la salute mentale nel lungo termine.

Queste strategie di adattamento non funzionali sono spesso il risultato di una visione distorta della realtà, in cui la solitudine viene percepita come una minaccia insopportabile piuttosto che una condizione normale e spesso benefica dell'esistenza umana. Il lavoro terapeutico con queste persone spesso implica aiutarle a riconoscere e sfidare queste distorsioni cognitive, così da poter sviluppare strategie di coping più salutari.

4.2 – Perché non temere la solitudine

La paura della solitudine ha le sue radici nelle antiche necessità di sopravvivenza umana, quando l'essere isolati poteva significare la morte per mancanza di protezione o risorse. Tuttavia, il nostro mondo contemporaneo è molto diverso.

Viviamo in società complesse, densamente popolate, e la tecnologia ci consente di rimanere connessi con gli altri in modi senza precedenti. Più che una minaccia, la solitudine può ora diventare un'opportunità di crescita personale e introspezione.

Uno studio del 2020 di Nguyen, Ryan, Deci, e Williams pubblicato nel "Journal of Positive Psychology" suggerisce che la solitudine può essere un potente strumento per favorire l'autocomprensione e la crescita personale. Nella stessa linea, un articolo di Robert Coplan e Julie Bowker, pubblicato nel 2014 su "American Psychologist", sostiene che la solitudine può essere un mezzo efficace per promuovere la creatività e l'autosviluppo.

Ecco cinque motivi per cui la solitudine può essere una virtù piuttosto che un problema, se gestita correttamente:

1. Autocomprensione: la solitudine ci dà lo spazio per esaminare noi stessi, i nostri valori, le nostre ambizioni e i nostri sentimenti in modo più profondo. Questa introspezione può aiutarci a capire meglio chi siamo e cosa vogliamo dalla vita;

2. Autoregolazione emotiva: La solitudine può aiutarci a imparare a gestire le nostre emozioni in modo più efficace. Possiamo imparare a calmare noi stessi, a tollerare meglio la frustrazione e a migliorare la nostra resilienza emotiva;

3. Crescita personale: La solitudine può spingerci fuori dalla nostra zona di comfort e aiutarci a sviluppare nuove competenze, come l'autosufficienza e l'autodisciplina;

4. Creatività: Numerosi studi, tra cui uno del 2014 di Gregoire e colleghi pubblicato nel "Journal of Experimental Psychology", hanno riscontrato un legame tra la solitudine e la creatività. Senza le distrazioni della vita sociale, possiamo concentrarci di più su idee originali e innovative;

5. Mindfulness e benessere psicologico: La solitudine può essere un'occasione per praticare la mindfulness, o attenzione piena, che è stata collegata a una serie di benefici per la salute mentale, come dimostrato da uno studio del 2011 di Shapiro, Carlson, Astin e Freedman, pubblicato su "Clinical Psychology Review".

Capitolo 5 – Anche qui, non tollerare l'intollerabile

Ma perché la dipendenza emotiva è così grave? Non è mica pericolosa come una tossicodipendenza o una malattia mentale che induce stati psicotici...

La maggior parte delle persone che non "mastica" la materia della psicologia come me o altre professioniste e professionisti, pensa che non ci sia poi questo gran rischio per la salute, sembra quasi che se non si vede un trauma fisico (o peggio) non ci sia alcun dolore... vorrei poter dire così, ma sarebbe completamente falso.

La dipendenza emotiva è un comportamento distruttivo che si manifesta quando una persona si affida eccessivamente a un'altra per il proprio benessere emotivo. Come indicato in un articolo del 2019 di Peele e Brodsky sul "Journal of Clinical Psychology", questa dipendenza può avere conseguenze negative non solo per la salute mentale dell'individuo, ma anche per la sua salute fisica, i suoi rapporti sociali e la sua carriera.

Per iniziare, una persona con dipendenza emotiva può sviluppare una serie di problemi di salute mentale. Uno studio del 2017 di Flores ed Elias, pubblicato sul "Journal of Clinical Psychiatry", mostra una correlazione tra la dipendenza emotiva e l'ansia, la depressione e i disturbi dell'umore. Queste condizioni possono peggiorare con il tempo se la dipendenza emotiva non viene adeguatamente affrontata.

Secondo, la dipendenza emotiva può avere effetti negativi sulla salute fisica. Uno studio del 2015 di Leonard e Homish pubblicato su "Addictive Behaviors" ha scoperto che la dipendenza emotiva può essere collegata a problemi di salute fisica, tra cui problemi cardiaci e disturbi del sonno.

Terzo, la dipendenza emotiva può influenzare negativamente la vita sociale e professionale di un individuo. Secondo un articolo del 2016 di Maurer, Steele, Coovert e Servatius pubblicato su "Personality and Individual Differences", le persone con dipendenza emotiva possono avere difficoltà a costruire relazioni sane e produttive sia in ambito personale che professionale.

Quarto, la dipendenza emotiva può portare alla perdita dell'identità e della dignità. Quando una persona dipende emotivamente da un'altra, può perdere la propria individualità e senso di sé, come sottolineato in un articolo del 2018 di Choi, Karremans, e Barendregt pubblicato su "Self and Identity".

In conclusione, ecco un elenco riassuntivo dei principali svantaggi della dipendenza emotiva dal punto di vista di chi deve tutelare il proprio equilibrio psicofisico:

- Problemi di salute mentale: ansia, depressione, disturbi dell'umore;
- Problemi di salute fisica: problemi cardiaci, disturbi del sonno;
- Impatto negativo sulla vita sociale e professionale: difficoltà a costruire relazioni sane e produttive;
- Perdita di identità e dignità: perdita di autostima e senso di sé;
- Perdita di opportunità: la dipendenza emotiva può impedire a un individuo di vivere la propria vita al massimo, poiché le sue decisioni e i suoi comportamenti possono essere eccessivamente influenzati dalla persona da cui dipende.

5.1 – Perché non dobbiamo tollerare l'intollerabile

Verrebbe da dire "perché non è bello", ma sarebbe riduttivo, e abbiamo già accennato al fatto che tollerare l'intollerabile non serva a niente se non a farsi del male.

Chiudere un occhio oggi per riflettere un po' su una situazione inedita e improvvisa che ci ha colto di sorpresa in cui il partner non si è comportato correttamente va bene: potrebbe essere un caso isolato e una situazione in cui non si sia reso conto di averci mancato di rispetto (a eccezione della violenza fisica: su quella non si deve e non si può neanche socchiudere una palpebra, ma reagire subito prima che sia troppo tardi); il problema, se non c'è pericolo per l'incolumità fisica, è continuare a pensare che ci sarà un premio, sopportando qualcosa che non si vuole sopportare.
La cultura contemporanea, in molti casi, sembra sottolineare l'importanza del sacrificio e della tolleranza, promuovendo l'idea che sopportare il dolore sia un segno di forza morale o di resistenza. Tuttavia, come suggeriscono gli studi in psicologia e psichiatria, un'eccessiva tolleranza allo stress e al disagio può avere effetti deleteri sulla salute mentale e fisica.

Come suggerito in uno studio del 2019 di Koltai e Schieman, pubblicato nel "Journal of Health and Social Behavior", la costante esposizione allo stress può causare problemi di salute a lungo termine e condurre a condizioni come la depressione, l'ansia e il disturbo post-traumatico da stress. Anche la cultura della resistenza, che esalta la sopportazione di circostanze difficili o dolorose, può contribuire a questa problematica.
Inoltre, il modello genitoriale che incoraggia la sopportazione eccessiva di stress può avere effetti negativi sui figli. Un articolo del 2017 di Miller e Prinz, pubblicato nel "Journal of Family Psychology", ha dimostrato che l'esposizione a elevati livelli di stress durante l'infanzia può portare a problemi di salute mentale in età adulta.

Contrariamente al detto proverbiale secondo cui "la sofferenza porta al miglioramento", la ricerca suggerisce che la sofferenza non necessaria può effettivamente esacerbare i problemi esistenti piuttosto che risolverli. Secondo un articolo del 2018 di Bell e Onwumere pubblicato su "Clinical Psychology Review", le persone che soffrono di gravi traumi o stress possono sviluppare vari disturbi mentali, tra cui quelli della personalità, ansia e depressione.

In sintesi, la cultura della resistenza e del sacrificio può essere dannosa quando portata all'estremo. Mentre una certa dose di stress può effettivamente contribuire alla crescita personale, come nello sport o nell'ambito accademico, è importante riconoscere che una sofferenza eccessiva e non necessaria può causare più danni che benefici. L'equilibrio, la capacità di gestire lo stress in modo sano e il riconoscimento dei propri limiti sono tutti elementi cruciali per il benessere generale.

5.2 - Lo stress di una relazione tossica: cause e sintomi di un malessere comune

Lo stress è un elemento inevitabile della vita. Tuttavia, il suo ruolo dovrebbe essere quello di un fattore di adattamento e superamento delle sfide, piuttosto che un costante oppressore che impedisce la gioia e l'autorealizzazione. Una delle fonti più potenti e debilitanti di stress può derivare dalle relazioni tossiche.

Le relazioni tossiche possono formarsi in vari contesti, ognuno con la sua particolare miscela di dinamiche malsane. Queste possono variare da relazioni di coppia sbilanciate, in cui un partner esercita un controllo eccessivo sull'altro, a rapporti familiari con genitori oppressivi e manipolatori. Le amicizie con personalità narcisistiche che tendono a occupare costantemente il centro dell'attenzione, in cui una persona cerca costantemente di monopolizzare il tempo e l'energia dell'altra, possono essere altrettanto dannose. Anche l'ambiente di lavoro può essere una fonte di relazioni tossiche, con colleghi o superiori che cercano di sopraffare o sminuire coloro che ritengono più deboli.

5.3 – Cause dello stress in una relazione tossica

Il primo passo per comprendere l'origine dello stress in una relazione tossica è riconoscere i modelli di comportamento disfunzionale. Secondo un articolo del 2018 di Barlow e colleghe, pubblicato su "Family Relations", la manipolazione, l'oppressione e la mancanza di rispetto reciproco sono segnali chiave di una relazione tossica.

Un altro studio del 2020 di Ein-Dor e Hirschberger, pubblicato su "Current Directions in Psychological Science", suggerisce che la paura e l'insicurezza possono anche giocare un ruolo significativo nello stress di una relazione tossica. In particolare, la paura della ritorsione o dell'abbandono può mantenere una persona intrappolata in un rapporto malsano, aumentando ulteriormente i livelli di stress.
Tuttavia, va ricordato che qualunque momento di relativa quiete in una relazione tossica può essere considerato alla stregua di un momento di pausa tra due crisi. Questo fa in modo di creare una tensione continua e costante, entro la quale il cervello non riesce mai a riposare seriamente, ma deve costantemente tenere un minimo livello di allerta, con conseguenze deleterie per la salute psicofisica.

5.4 – Sintomi di stress in una relazione tossica

Riconoscere i sintomi dello stress da relazione tossica può essere il primo passo verso il recupero. Questi sintomi possono includere ansia costante, sentimenti di inadeguatezza, depressione e problemi di sonno. Alcuni possono anche manifestare sintomi fisici, come mal di testa, problemi digestivi o dolori muscolari, come suggerito da uno studio del 2017 di Luecken e Lemery, pubblicato nel "Journal of Abnormal Child Psychology".

Riconoscere la presenza di relazioni tossiche nella propria vita è il primo passo per ridurre il loro impatto nocivo. Una volta identificati questi rapporti malsani, è possibile iniziare a cercare il supporto e le strategie necessarie per gestire o eliminare queste fonti di stress. La vita può essere piena di sfide, ma nessuno dovrebbe accettare di vivere in una relazione che provochi solo dolore e angoscia.

Uno dei principali segni di stress dovuto a una relazione tossica sarà proprio l'argomento del prossimo capitolo: il senso di colpa.

Capitolo 6 – I sensi di colpa

Il senso di colpa è un sentimento complesso e pervasivo che può influenzare profondamente la nostra vita e le nostre relazioni. È una forma di autovalutazione negativa che deriva dalla percezione di aver commesso un'azione moralmente sbagliata o di non aver agito in modo conforme alle norme sociali o personali. Nella dipendenza affettiva, il senso di colpa può essere particolarmente intenso e dannoso, contribuendo a perpetuare schemi disfunzionali e a compromettere il benessere emotivo.

Il senso di colpa si manifesta attraverso una gamma di emozioni negative come rimorso, vergogna, autoaccusa e auto-castigo. Può essere scatenato da azioni reali o percepite come sbagliate, ma anche da pensieri, desideri o omissioni che violano il nostro sistema di valori o le aspettative altrui. La psicologia comportamentale ci mostra che il senso di colpa è spesso associato a un conflitto tra ciò che desideriamo o riteniamo giusto e ciò che effettivamente facciamo o non facciamo.

Il senso di colpa può essere alimentato da vari meccanismi, tra cui la percezione di aver deluso gli altri, il confronto sociale, l'internalizzazione delle aspettative altrui e l'autocritica eccessiva. In una relazione di dipendenza affettiva, il senso di colpa può essere amplificato dalla paura dell'abbandono o dalla necessità di soddisfare costantemente le aspettative del partner, anche a costo della propria felicità. Questi meccanismi possono generare una spirale negativa in cui il senso di colpa alimenta comportamenti insani e relazioni disfunzionali.

Il senso di colpa può avere effetti dannosi sulla nostra salute mentale e sulle nostre relazioni. Può causare ansia, depressione, bassa autostima e indecisione. Inoltre, il senso di colpa può condurre a comportamenti di auto-sabotaggio, auto-punizione e ricadute nella dipendenza emotiva. Spesso, coloro che cercano di farci provare senso di colpa possono sfruttare questa emozione per manipolarci e controllarci.

Nonostante la sua pervasività nella nostra vita, il senso di colpa non è un motore per condurre una vita migliore o per migliorare le nostre relazioni. Al contrario, spesso ci imprigiona in un circolo vizioso di autovalutazione negativa e di ripetizione di schemi disfunzionali. Non serve nemmeno a coloro che cercano di farcelo provare, poiché il cambiamento autentico e sano non può essere raggiunto attraverso la manipolazione emotiva o la coercizione.

6.1 – Alcuni esempi di ricerca di senso di colpa

Come si muove il senso di colpa? Come si manifesta veramente? Ecco alcuni esempi pratici di situazioni in cui una persona con dipendenza affettiva manifesta la sua necessità di rassicurazione facendo leva sul senso di colpa:

1. La persona manipolatoria insiste sul fatto che l'interlocutore sia l'unica fonte di supporto nella sua vita e fa leva sul senso di responsabilità dell'altro per fargli sentire colpa se si allontana o cerca di stabilire relazioni con altre persone;

2. La persona manipolatoria fa costanti richieste di aiuto o favori, sfruttando la dipendenza affettiva dell'altro, e induce un senso di colpa se l'interlocutore non soddisfa tutte le sue richieste;

3. La persona manipolatoria manipola le emozioni dell'altro, facendogli credere che se non risponde in modo appropriato alle sue necessità, sarà responsabile del suo malessere emotivo;

4. La persona manipolatoria induce un senso di colpa nell'interlocutore, facendo leva sulla sua dipendenza affettiva, dicendogli che è l'unica persona che può capirlo e che senza di lui/lei sarebbe completamente solo/a;

5. La persona manipolatoria sfrutta l'insicurezza dell'altro per farlo sentire in colpa se prova a mettere dei limiti o a prendersi cura di sé stesso/a, facendogli credere di essere egoista o cattivo/a.

Ed ecco come un narcisista cerca di usare il senso di colpa su un soggetto con dipendenza affettiva (o in cui spera di far sorgere questo tipo di dipendenza):

1. Il narcisista utilizza tecniche di manipolazione, come il gaslighting, per far sentire in colpa l'interlocutore, facendogli credere di aver commesso errori o di essere inadeguato/a anche quando non è così;

2. Il narcisista fa costanti confronti tra l'interlocutore e altre persone, evidenziando i punti deboli dell'altro per farlo sentire in colpa e minare la sua autostima;

3. Il narcisista si fa vittima, attribuendo all'interlocutore la responsabilità per le sue frustrazioni o fallimenti, cercando di farlo sentire colpevole per le sue emozioni negative;

4. Il narcisista utilizza tattiche di manipolazione emotiva, come l'isolamento sociale o l'induzione di gelosia, per far sentire in colpa l'interlocutore, se cerca relazioni o esperienze al di fuori del suo controllo;

5. Il narcisista fa appelli alla sensibilità e all'empatia dell'interlocutore, utilizzando la sua dipendenza affettiva, per ottenere ciò che desidera e far sentire colpa l'altro se non si sottomette ai suoi desideri o non lo appoggia in tutto e per tutto

6.2 – Liberarsi dal senso di colpa

Il senso di colpa può essere un'ombra persistente nella vita di chi soffre di dipendenza affettiva. Tuttavia, è importante ricordare che non è un'emozione necessaria o utile per raggiungere il benessere emotivo e la felicità. Liberarsi dal senso di colpa richiede un impegno personale verso l'auto-accettazione, l'autostima e il rispetto di sé stessi. Attraverso la consapevolezza, l'empatia verso sé stessi e il sostegno di professionisti qualificati, è possibile rompere il ciclo del senso di colpa e aprire la strada verso relazioni più sane e appaganti. Per liberarsi dal senso di colpa, è necessario intraprendere un percorso di auto-consapevolezza e di auto-compassione. Bisogna imparare a identificare le fonti del senso di colpa e a valutarle in modo realistico. Spesso scopriremo che il senso di colpa non è giustificato o che si basa su aspettative irrealistiche. Dobbiamo imparare a perdonarci per gli errori passati e ad accettare che siamo esseri umani imperfetti che possono crescere e cambiare.

Inoltre, è importante stabilire confini sani nelle relazioni e comunicare chiaramente i propri bisogni e desideri. Imparare a dire "no" senza provare colpa è fondamentale per proteggere la propria integrità e autenticità. La pratica della consapevolezza e della meditazione può aiutare a sviluppare una mente equilibrata e a ridurre l'autocritica e l'autocommiserazione.

Capitolo 7 – Le amicizie tossiche

Le amicizie tossiche sono una realtà che può manifestarsi in diverse forme, sfruttando le vulnerabilità e i bisogni delle persone coinvolte. Uno dei tipi più comuni di amicizia tossica è quella basata sull'interesse economico. In queste situazioni, una persona si avvicina con l'apparenza di un'amicizia sincera, ma in realtà mira a ottenere vantaggi finanziari o materiali. Può essere attratta dalle connessioni sociali o professionali di un individuo, cercando di inserirsi nel suo gruppo per trarne un beneficio personale. Questo tipo di manipolatore può approfittare delle risorse o del prestigio dell'altro senza offrire nulla in cambio, dimostrando un atteggiamento calcolatore e opportunistico.

Un'altra forma di amicizia tossica è quella in cui una persona cerca di dominare e controllare l'altro. Questo manipolatore agisce con prepotenza e aggressività, cercando individui che possano essere sottomessi e che accettino passivamente il suo potere. Egli sfrutta la dipendenza affettiva o l'insicurezza dell'altro per raggiungere i propri scopi, affermando il proprio potere e sfogando le proprie frustrazioni attraverso il controllo e la manipolazione. In questo tipo di amicizia tossica, l'equilibrio di potere è distorto e l'amicizia non è mai reciproca, ma unilaterale, con il manipolatore che cerca di affermarsi come leader senza preoccuparsi dei bisogni o dei sentimenti dell'altro.

7.1 – Riconoscere un'amicizia tossica

Riconoscere un'amicizia tossica può essere un compito poco piacevole, ma è fondamentale per preservare il proprio benessere emotivo e relazionale. Ecco alcuni segnali che possono indicare la presenza di una simile condizione:

1. Sfruttamento: se noti che l'amico o l'amica cerca costantemente di sfruttarti per ottenere vantaggi personali, senza mostrare alcun interesse o reciprocità verso i tuoi bisogni e desideri, potrebbe trattarsi di un'amicizia tossica;

2. Dominanza e controllo: se l'amico/a tende a imporsi in modo prepotente, cercando di controllarti o manipolarti, limitando la tua libertà e autonomia decisionale, è probabile che tu sia coinvolto in un'amicizia tossica;

3. Critiche costanti: se l'amico/a è costantemente critico nei tuoi confronti, punzecchiandoti, umiliandoti o mettendoti in imbarazzo, danneggiando così la tua autostima e il tuo benessere emotivo, potrebbe essere una relazione tossica;

4. Assenza di reciprocità: se noti che la relazione è unilaterale, con un amico/a che riceve tutto senza offrire nulla in cambio, senza sostegno emotivo o presenza nei momenti difficili, potrebbe essere un segno di un'amicizia tossica;

5. Manipolazione emotiva: se l'amico/a cerca di controllare le tue emozioni, giocando con i tuoi sentimenti o cercando di farti sentire colpevole o responsabile per situazioni che non dipendono da te, potrebbe essere un'amicizia tossica;

6. Instabilità emotiva: se l'amico/a è emotivamente instabile, con frequenti cambiamenti di umore, comportamenti impulsivi o esplosioni di rabbia, che mettono a rischio la tua tranquillità e stabilità emotiva, potrebbe essere un segno di un'amicizia tossica;

7. Gelosia e competizione: se l'amico/a è costantemente geloso del tuo successo o cerca di competere con te in ogni ambito, invece di gioire per le tue conquiste, potrebbe essere una relazione tossica;

8. Manipolazione delle relazioni: se noti che l'amico/a cerca di isolarti dagli altri, manipolando le tue relazioni sociali o cercando di controllare con chi interagisci, potrebbe essere un'amicizia tossica;

9. Mancanza di rispetto: se l'amico/a non rispetta i tuoi limiti personali, le tue opinioni, la tua privacy o i tuoi valori, ignorando i tuoi diritti e le tue esigenze, è probabile che tu sia coinvolto in un'amicizia tossica;

10. Senso di svalutazione: se l'amicizia ti fa sentire costantemente inadeguato/a, inferiore o privo di valore, portando avanti una dinamica in cui ti senti sempre in difetto rispetto all'amico/a, potrebbe essere un segnale di un'amicizia tossica.

È importante fidarsi dei propri istinti e ascoltare le proprie emozioni quando si valuta una relazione. Se si riscontrano più di uno di questi segnali in una relazione amicale, potrebbe essere il momento di riflettere sull'opportunità di allontanarsi da questa tossicità e cercare relazioni più sane e supportanti per il proprio benessere emotivo.

Capitolo 8 – La perdita dell'autostima

La mancanza di autostima è un'esperienza profondamente dolorosa che può influenzare molteplici aspetti della nostra vita. Può iniziare sin dalla tenera età, quando veniamo sottostimati o svalutati dai nostri genitori, insegnanti o coetanei. Questi episodi possono sembrare insignificanti all'inizio, ma nel corso del tempo possono erodere la nostra fiducia in noi stessi.

Quando ci sentiamo costantemente sottovalutati o non apprezzati, sviluppiamo una visione distorta di noi stessi. Iniziamo a credere che non siamo abbastanza bravi, abbastanza intelligenti o abbastanza interessanti. Questa mancanza di fiducia in sé stessi ci spinge a cercare conferme esterne per compensare la nostra bassa autostima. Ecco perché molti di noi si ritrovano a lottare con la dipendenza affettiva. Cerchiamo disperatamente l'amore e l'approvazione degli altri, sperando che possano riempire il vuoto che sentiamo dentro di noi. Diventiamo dipendenti emotivi, attaccandoci a persone che potrebbero darci l'attenzione e l'affetto che crediamo di non meritare.

La dipendenza affettiva diventa una sorta di ricerca della "droga" che ci faccia sentire degni e amati. Ma questa dipendenza non fa che perpetuare il ciclo negativo della nostra autostima bassa. Ci affidiamo alle opinioni e all'approvazione degli altri, rendendo la nostra felicità e il nostro senso di valore dipendenti dagli altri.
Per invertire questa tendenza distruttiva, dobbiamo intraprendere un viaggio di crescita personale. Dobbiamo iniziare a lavorare su noi stessi, imparando ad amarci e apprezzarci per chi siamo veramente; il fatto che tu stia leggendo questo testo è già un ottimo segnale, perché vuol dire che stai cercando una soluzione al tuo problema, anche se magari non hai ancora compreso quale sia l'entità del tuo problema. Questo richiede un'analisi onesta delle nostre convinzioni negative su noi stessi e la sostituzione di tali credenze con pensieri positivi e autocompassione.

Dobbiamo imparare ad accettare che il nostro valore non è determinato dalle opinioni degli altri: siamo degni di amore e rispetto semplicemente perché esistiamo. Dobbiamo prendere il controllo della nostra autostima e non permettere agli altri di definirci. Il percorso verso una sana autostima richiede tempo e impegno. Dobbiamo imparare a identificare e sfidare le nostre convinzioni negative, cercare il supporto di professionisti qualificati e circondarci di persone che ci sostengono e ci incoraggiano.

Ricorda, sei un individuo unico e prezioso, degno di amore e rispetto. Non permettere che la bassa autostima e la dipendenza affettiva definiscano la tua vita. Scegli di intraprendere un viaggio di autenticità e autostima, e scoprirai il potenziale illimitato che risiede dentro di te.

8.1 – Un piccolo esercizio di autostima

Questo semplice esercizio può essere praticato in qualsiasi momento della giornata per aiutarti a migliorare la tua autostima e sviluppare una visione più positiva di te stesso. È particolarmente utile per le persone con tendenze alla dipendenza affettiva che cercano costantemente conferme esterne.

Trova un momento tranquillo e rilassante in cui puoi concentrarti su te stesso.
Chiudi gli occhi e prendi qualche respiro profondo per centrarti e rilassarti. Ripeti mentalmente o ad alta voce le seguenti affermazioni, personalizzandole in base alle tue esigenze:
"Sono un individuo unico e speciale, con talenti e qualità uniche."
Utilizza la respirazione per poter scandire dentro di te le parole in questo modo:
Inspira: "Sono un individuo unico e speciale" ed espira "con talenti e qualità uniche".

Facile, no? Ora prova a fare tu questa meditazione facilitata con le seguenti frasi.
"Merito amore, rispetto e felicità nella mia vita."
"Accetto me stesso per quello che sono, con tutti i miei pregi e difetti."
"Sono abbastanza bravo e abbastanza intelligente per affrontare le sfide che la vita mi presenta."
"Mi amo e mi accetto completamente."
Visualizza mentalmente ogni affermazione che ripeti, immaginando come ti sentiresti se fosse veramente vero. Concentrati sulle sensazioni positive e sulla fiducia che queste affermazioni ti danno. Lascia che questa energia positiva permei il tuo essere. Ripeti le affermazioni per alcuni minuti, continuando a concentrarti sulla sensazione di autostima che stai sviluppando.

Quando ti senti pronto, apri gli occhi e porta con te questa nuova fiducia in te stesso nel resto della giornata. La cosa bella è che puoi fare questo esercizio anche a occhi aperti, quando avrai preso dimestichezza, e farlo mentalmente respirando e pensando a te stesso, in qualunque momento: al lavoro, sul tram, mentre fai la spesa… inizia subito a rinforzare il tuo ego!

Ricorda che l'autostima è un processo continuo e richiede impegno costante. Ripeti questo esercizio quotidianamente o ogni volta che senti il bisogno di rafforzare la tua autostima. Con il tempo, noterai un cambiamento positivo nella tua percezione di te stesso e nella tua capacità di superare la dipendenza affettiva.

Capitolo 9 – Una fuga che sembra impossibile

La guarigione dalla dipendenza affettiva può essere vista come un'evoluzione personale, un viaggio verso la libertà e l'autonomia emotiva. È un'opportunità per scappare dalle gabbie mentali che ci hanno tenuto prigionieri per troppo tempo, rinforzando comportamenti e convinzioni negative senza neanche rendercene conto. Spesso, nelle relazioni affettive, ci aggrappiamo a dinamiche disfunzionali e persone che ci danno una sensazione temporanea di sicurezza. Questo perché, in qualche modo, ci sentiamo incompleti o insicuri di noi stessi. Crediamo erroneamente che l'amore e l'approvazione degli altri possano colmare il vuoto che sentiamo dentro di noi.

Tuttavia, con il tempo, ci accorgiamo che questa dipendenza emotiva è una gabbia che ci imprigiona: se sei arrivato fin qui in questa lettura, vuol dire che anche tu hai bisogno di capire come sei finito in una gabbia personale. Ci troviamo intrappolati in un ciclo vorticoso di aspettative, bisogni non soddisfatti e insicurezze, che ci porta a cercare disperatamente l'affetto e l'attenzione di persone che potrebbero non essere in grado di darci ciò di cui abbiamo bisogno.

La guarigione inizia quando riconosciamo che abbiamo la chiave per uscire da questa gabbia. Inizia quando prendiamo coscienza dei nostri comportamenti e delle nostre convinzioni dannose. È un processo di auto-esplorazione e di lavorare su noi stessi per rompere i vecchi schemi, sfidare le nostre paure e imparare a costruire relazioni sane e autentiche.

È importante comprendere che la dipendenza affettiva non è un segno di debolezza, ma una conseguenza di esperienze passate e di bisogni emotivi non soddisfatti. La guarigione richiede tempo, pazienza e compassione verso noi stessi. Dobbiamo imparare a prendere consapevolezza dei nostri pensieri e delle nostre emozioni, per smettere di rinforzare i comportamenti negativi e creare spazio per quelli sani e costruttivi.

Il percorso di guarigione dalla dipendenza affettiva può essere faticoso, ma è una strada che ci porta verso una maggiore consapevolezza di noi stessi e verso relazioni più autentiche e appaganti. È un processo di liberazione, in cui abbandoniamo le vecchie abitudini e credenze limitanti per abbracciare una nuova visione di noi stessi e delle nostre relazioni. Quindi, non temere di aprire la porta della gabbia e abbracciare la tua libertà emotiva. Hai la chiave per guarire e creare una vita che riflette il tuo vero valore. Sii gentile con te stesso lungo il percorso e ricorda che sei degno di amore, felicità e autenticità. Quando concluderai questa lettura, molte cose ti saranno più chiare e potrai finalmente godere delle tue capacità relazionali senza timore di sopra-compensare con atteggiamenti minatori.

Capitolo 10 – Come sbarazzarsi dell'inutile zavorra

C'è un concetto della pratica dell'autoguarigione tantrica che può essere tradotto più o meno con "liberarsi dai pesi". Molto del lavoro da psicologo prevede proprio questo stesso fine, in cui aiutare le persone a capire che in realtà stanno mantenendo sulle proprie spalle dei carichi emotivi inutili ma che per qualche motivo sono convinti di dover trasportare in ogni istante. Questo non li rafforza, fa solo in modo di rubare loro energia e di privarli della necessaria agilità mentale con cui affrontare i propri problemi serenamente. Immagina di dover girare con un peso di ghisa di venti chili attaccato al collo: ogni cosa, anche la più semplice, diventerebbe impossibile, dal prepararti la colazione al fare una serata di relax con amici o con il partner. Il peso emotivo è qualcosa di simile a questo esempio, e ti posso assicurare che non ne hai bisogno. Vediamo come mitigarne gli effetti con un piccolo esercizio cognitivo-comportamentale.

10.1 – Cose di cui liberarsi

Anzitutto prova a pensare alle emozioni che provi e scrivile. Quindi, cerca di capire quali siano gli ambiti in cui queste emozioni sorgono, soprattutto nel contesto relazionale. Chi ti ha suscitato quell'emozione? Come ha fatto? Se è un'emozione che non ti piace, come pensi di farla emergere di nuovo?

Prova ora a usare questo elenco che ho preparato per te con alcuni esempi di emozioni di cui liberarsi; immagina queste emozioni come oggetti fisici con cui poter parlare e chiedi loro come mai si presentano a te. Spiega loro che anche con le migliori intenzioni, non hai bisogno che permangano a lungo e augura loro buon viaggio; quindi, prendi consapevolezza dell'obbiettivo positivo che ti apparirà con la liberazione dal peso di cui non hai bisogno:

1. Senso di colpa: liberarsi dal peso del senso di colpa significa perdonarsi per gli errori passati, accettare che siamo umani e che commettiamo errori, e imparare a lasciar andare i rimorsi per poter vivere nel presente;

2. Autocritica e autocondanna: liberarsi dal giudizio negativo su di sé significa imparare ad accettarsi, apprezzarsi e amarsi per quello che si è, senza cercare la perfezione o il confronto con gli altri;

3. Auto-sabotaggio: liberarsi dall'auto-sabotaggio significa identificare e superare i comportamenti autodistruttivi che ostacolano il nostro benessere e il nostro successo. Ciò può includere l'abbandonare abitudini negative, come la procrastinazione o l'autocritica eccessiva, e sostituirle con abitudini più sane e costruttive. Liberarsi dall'auto-sabotaggio permette di raggiungere il proprio pieno potenziale e vivere una vita più appagante;

4. Paura del giudizio degli altri: liberarsi dalla paura del giudizio degli altri significa abbracciare la propria autenticità, liberarsi dalla necessità di conformarsi alle aspettative degli altri e imparare a vivere secondo i propri valori e desideri;

5. Rancore e risentimento: liberarsi dal rancore e dal risentimento significa imparare a perdonare gli altri e se stessi, lasciar andare il passato e concentrarsi sul presente e sul futuro;

6. Autolimitazioni e convinzioni limitanti: liberarsi dalle autolimitazioni e dalle convinzioni limitanti significa riconoscere il proprio potenziale e sfidare le credenze che ci trattengono, aprirsi a nuove possibilità e abbracciare la crescita personale;

7. Paura dell'abbandono: liberarsi dalla paura dell'abbandono significa sviluppare un senso di sicurezza interiore, imparare a fidarsi di sé stessi e ad affrontare la solitudine in modo costruttivo, riconoscendo che la propria felicità non dipende completamente dagli altri;

8. Senso di inadeguatezza: liberarsi dal senso di inadeguatezza significa riconoscere e apprezzare i propri talenti, competenze e qualità uniche, e smettere di confrontarsi negativamente con gli altri;

9. Bisogno di controllo: liberarsi dal bisogno di controllo significa imparare a lasciar andare il desiderio di controllare ogni aspetto della propria vita e delle relazioni, accettare l'incertezza e abbracciare la flessibilità;

10. Passato doloroso: liberarsi dal peso del passato doloroso significa elaborare e guarire le ferite emotive, imparare a perdonare gli altri e se stessi, e concentrarsi sul presente per costruire un futuro più positivo.

PARTE QUARTA

LA RINASCITA INTERIORE

È possibile cambiare personalità anche quando ormai si è adulti? Non è troppo tardi?
Tante volte le persone che mi interpellano per chiedere consigli di psicologia mi fanno domande del genere, e voglio rassicurare anche te sul fatto che si può cambiare in ogni momento, non esiste una "condanna definitiva" per cui non si possa mai aspirare al meglio. Le abitudini sono mutevoli, non viviamo di riti dogmatici fissi, e questo implica che in ogni istante possiamo scegliere di fare cose nuove che ci aiutino a superare i nostri traumi e a migliorare il nostro rapporto con la nostra immagine. Quindi sì, puoi essere più felice, a dispetto di tutto quello che ti è capitato e degli anni che ti senti addosso.
Cominciamo a vedere come.

Capitolo 1 – Come coltivare la propria solitudine

Coltivare la propria solitudine può essere un processo significativo per la crescita personale e il benessere psicologico. "La solitudine crea lo spazio per l'autoriflessione, la scoperta di sé e il rinnovamento interiore." Irvin Yalom con questa frase sottolinea che la solitudine può essere uno spazio prezioso in cui possiamo riflettere su noi stessi, scoprire nuove dimensioni della nostra identità e rinnovarci interiormente. Cos'è esattamente la solitudine? Ci sono differenze tra solitudine e isolamento?

La solitudine e l'isolamento sono concetti correlati, ma hanno significati leggermente diversi. Parliamo di solitudine quando ci riferiamo aduno stato emotivo soggettivo caratterizzato dalla sensazione di sentirsi soli o isolati, anche quando si è circondati da altre persone. Può essere sperimentata anche quando si è in compagnia, se manca un senso di connessione autentica o di appartenenza. La solitudine può essere percepita come una mancanza di supporto sociale, intimità o relazioni significative. Può essere un'esperienza temporanea o prolungata nel tempo. Altra cosa è invece l'isolamento: quest'ultimo si riferisce alla condizione oggettiva di essere fisicamente separati o distanti dagli altri. Può essere il risultato di circostanze esterne come la geografia, la mancanza di opportunità sociali o situazioni di vita come la segregazione o l'esilio. L'isolamento può essere involontario e può portare alla solitudine emotiva, ma non necessariamente. Una persona può sentirsi solitaria anche se non è fisicamente isolata, mentre un individuo può essere isolato ma non necessariamente solitario se si sente soddisfatto delle proprie condizioni. In breve, la solitudine si riferisce a uno stato interno di sentirsi soli o mancare di connessione emotiva, indipendentemente dalla presenza o assenza fisica di altre persone.

L'isolamento, d'altro canto, si riferisce alla condizione oggettiva di essere separati o distanti dagli altri, che può o meno portare alla solitudine emotiva. Se l'isolamento non è sempre la migliore delle condizioni, la solitudine ha degli aspetti positivi, che se coltivati portano allo sviluppo di una personalità sana e armoniosa.

I bambini cominciano a sperimentare il gioco in solitudine, in modo sano, fin dalla prima infanzia. Il gioco in solitudine è un'attività normale e importante per lo sviluppo emotivo, cognitivo e sociale dei bambini. Attraverso questa tipologia di gioco i bambini imparano a esplorare il mondo intorno a loro, a sviluppare la creatività e l'immaginazione, nonché a gestire le emozioni e a costruire una base solida per le future relazioni interpersonali. Coltivare la propria solitudine è una buona abitudine che può portare a numerosi benefici per la salute mentale e il benessere.

Quando una persona è in grado di trascorrere del tempo da sola in modo costruttivo e gratificante, può approfondire la conoscenza di sé stessa, esplorare i propri interessi e bisogni personali e rafforzare la propria autonomia emotiva. Abbiamo visto che l'abitudine di coltivare la propria solitudine ha radici nell'infanzia e può essere influenzata da vari fattori, tra cui l'ambiente familiare e le esperienze di gioco del bambino. Secondo gli studi sull'infanzia e lo sviluppo, il gioco in solitudine può iniziare già dai primi anni di vita del bambino.

Jean Piaget, uno psicologo svizzero noto per i suoi studi sullo sviluppo cognitivo dell'infanzia, ha sottolineato l'importanza del gioco in solitudine nel processo di apprendimento dei bambini. Egli ha evidenziato come i bambini imparino a comprendere il mondo circostante, a esplorare la loro immaginazione e a sviluppare capacità cognitive attraverso il gioco individuale. Erikson, psicologo dello sviluppo, ha teorizzato sul concetto di identità e autonomia. Egli sostiene che i bambini devono avere opportunità di esplorare e sperimentare il mondo da soli per sviluppare un senso di sé separato dagli altri. Il gioco in solitudine offre loro questo spazio per l'esplorazione individuale e l'autonomia. Anche la fondamentale teoria dell'attaccamento di John Bowlby, ci indica come i bambini abbiano bisogno di sviluppare una base sicura nelle prime relazioni per esplorare il mondo in modo indipendente. La possibilità di giocare in solitudine può contribuire a costruire questa base sicura, fornendo ai bambini un senso di sicurezza interna che permette loro di esplorare autonomamente.

Coltivare la propria solitudine come abitudine positiva può essere promosso nell'infanzia attraverso l'offerta di opportunità di gioco individuale, di spazi protetti e di tempo libero per esplorare interessi personali. Inoltre, i genitori e gli educatori possono incoraggiare l'autonomia emotiva e la gestione delle emozioni, fornendo supporto e guidando i bambini nel riconoscimento delle proprie esigenze. Cosa fare nel caso in cui non si abbiano avute queste buone basi nell'infanzia e il vissuto della solitudine in età adulta risulti compromesso?
Ecco perciò alcuni suggerimenti su come coltivare la propria solitudine in modo sano e costruttivo:

1. Dedica del tempo per te stesso: pianifica regolarmente momenti in cui puoi essere da solo e dedicarti alle attività che ti piacciono. Questo potrebbe includere leggere un libro, fare una passeggiata nella natura, praticare la meditazione o impegnarti in un hobby che ti appassiona. Cerca di creare uno spazio fisico e mentale dove puoi goderti la tua compagnia;
2. Sii consapevole del momento presente: coltivare la solitudine implica essere presenti nel qui e ora. Pratica la consapevolezza, osservando i tuoi pensieri, le tue emozioni e le tue sensazioni corporee senza giudizio. Impara a goderti il silenzio e a connetterti con te stesso in modo profondo;

3. Sperimenta l'autoriflessione: usa il tempo da solo per riflettere su te stesso, le tue esperienze e le tue aspettative. Fatti domande, come "Cosa mi rende felice?", "Quali sono i miei valori fondamentali?" o "Quali sono i miei obiettivi di vita?". Questa riflessione può aiutarti a sviluppare una maggiore consapevolezza di te stesso e delle tue esigenze;
4. Coltiva interessi personali: identifica le attività o gli interessi che ti appassionano e dedicaci tempo. Puoi esplorare nuovi hobby, imparare qualcosa di nuovo o approfondire le tue passioni. Questo ti permette di sviluppare una relazione più profonda con te stesso e di coltivare la tua individualità;
5. Impara a goderti la tua compagnia: sii gentile con te stesso e cerca di sviluppare un atteggiamento di auto-comprensione e accettazione. Impara a goderti la tua compagnia senza sentirti inadeguato o bisognoso di costante stimolazione esterna. Questo può portare a una maggiore indipendenza emotiva e un senso di soddisfazione personale;
6. Stabilisci limiti sani: impara a dire "no" quando hai bisogno di tempo per te stesso. Stabilisci confini chiari con gli altri e proteggi il tuo spazio e il tuo tempo. Ciò ti permetterà di coltivare la tua solitudine senza sentirti in colpa o sopraffatto dalle richieste degli altri.

Judith S. Beck, psicologa cognitivo comportamentale, ci ricorda che la TCC ci insegna a riconoscere che la solitudine non è necessariamente negativa, ma che può essere preziosa per riconnettersi con sé stessi e coltivare la propria individualità e il proprio benessere. Bilanciare la tua vita sociale con momenti di solitudine è fondamentale per ritrovare il giusto equilibrio.

Prova a pensare a momenti di solitudine volontaria, e **inserisci nella tua routine almeno un momento che sia solamente per te**, che sia anche solo di quindici minuti o qualche ora, senza dire a nessuno che cosa fai in quel tempo e senza dare spiegazioni su come lo impieghi. È una pausa tutta per te.

Capitolo 2 – Scoprire noi stessi giorno dopo giorno: un esercizio di auto-scoperta

Scoprire noi stessi giorno dopo giorno significa sviluppare una maggiore consapevolezza di chi siamo, delle nostre emozioni, dei nostri pensieri, dei nostri valori e dei nostri desideri. È un processo continuo di auto-esplorazione e autocomprensione che ci aiuta a sviluppare una relazione più profonda con noi stessi e a vivere una vita più autentica e soddisfacente. Ci sono alcune strategie che possono aiutarti a scoprire te stesso giorno dopo giorno. Una buona abitudine è quella di dedicarsi alla pratica della consapevolezza: essa è la capacità di essere presenti nel momento presente e di osservare i nostri pensieri, le nostre emozioni e le nostre sensazioni senza giudizio. Puoi coltivare la consapevolezza attraverso la meditazione, la respirazione consapevole o semplicemente dedicando del tempo ogni giorno per essere consapevole dei tuoi pensieri e delle tue emozioni. Un'altra utile strategia è quella di tenere un diario. Infatti, scrivere i tuoi pensieri, le tue emozioni e le tue esperienze in un diario può aiutarti a riflettere su te stesso e a sviluppare una maggiore consapevolezza di ciò che ti muove. Puoi annotare le tue esperienze quotidiane, i tuoi obiettivi, i tuoi successi e le tue sfide. Questo ti permette di esplorare i tuoi pensieri e le tue emozioni in modo più approfondito.

Fai domande a te stesso: porsi domande significative può aiutarti a scoprire te stesso in modo più approfondito. Chiediti cosa ti rende davvero felice, quali sono i tuoi valori fondamentali, quali sono i tuoi obiettivi di vita e quali i tuoi punti di forza. Riflettere su queste domande può guidarti verso una maggiore comprensione di te stesso e dei tuoi desideri.
Tra gli esercizi di auto-scoperta possiamo annoverare sicuramente la gestione degli hobby e degli interessi.
Innanzitutto, occorre scegliere un hobby significativo. Puoi optare per uno che ti appassioni e che sia importante per te.

Scegli un'attività che ti consenta di esprimere la tua creatività, di sperimentare la gratificazione personale e di stimolare il tuo interesse. È necessario ricordarsi di stabilire obiettivi realistici e chiari. Questo ti aiuterà a mantenere la motivazione e a misurare i tuoi progressi nel tempo. Assicurati che gli obiettivi siano raggiungibili e che ti offrano una sfida adeguata. Per una gestione ottimale occorre pianificare il tempo per l'hobby: dedica regolarmente del tempo specifico per l'hobby in solitaria. Organizza la tua agenda in modo da riservare uno spazio dedicato a questa attività. Stabilire una routine ti aiuterà a mantenere l'impegno e a goderti appieno il tempo trascorso nel tuo hobby.
Mentre lo pratichi, **sforzati di rimanere concentrato sull'esperienza presente**. Lascia da parte le preoccupazioni o i pensieri distrattivi e immergiti completamente nell'attività. Questo ti permetterà di sperimentare uno stato di flusso, in cui il tempo sembra scorrere velocemente e dove ti sentirai pienamente coinvolto nell'hobby.

Ricordati che è sempre possibile condividere l'esperienza con gli altri: nonostante l'hobby sia in solitaria, puoi ancora condividerlo con gli altri. Parla delle tue passioni con amici o familiari, partecipa a gruppi o comunità online che condividono interessi simili, o prendi in considerazione la partecipazione a workshop o corsi per incontrare persone con la stessa passione. La condivisione delle esperienze può arricchire ulteriormente il tuo coinvolgimento nel tuo hobby.
In generale scoprire noi stessi giorno dopo giorno significa prendersi cura di sé e dare potere alle proprie decisioni autonome. Questi sono infatti elementi cruciali per sviluppare una sana autostima e un senso di benessere personale.
Questo tipo di comportamento può essere rafforzato in diversi modi. Puoi scegliere attivamente di dedicare tempo a te stesso: prendi l'impegno di dedicare regolarmente del tempo a te soltanto. Questo potrebbe significare andare a cena in un buon ristorante da soli, visitare un museo o assistere a un concerto in solitaria.

Queste esperienze ti permettono di goderti la tua compagnia e di scoprire il piacere della solitudine consapevole. Un passo fondamentale è quello di coltivare l'autonomia nelle decisioni quotidiane: prendi decisioni autonome nelle piccole cose quotidiane. Ad esempio, scegli cosa cucinare per cena, cosa indossare o come trascorrere il tuo tempo libero. Riconosci che sei capace di fare scelte che rispecchiano i tuoi desideri e le tue preferenze, anche quando sei da solo. Ricordati che sei un individuo unico e irripetibile. Accetta e celebra le tue unicità e le tue capacità individuali. Valorizza le tue competenze, i tuoi talenti e le tue qualità positive. Prenditi il tempo per riflettere su ciò che ti rende speciale e rafforza la tua fiducia in te stesso.

Per incrementare la tua autonomia ricorda anche che talvolta è bene disattendere le aspettative sociali. Sperimenta cosa vuol dire rompere le convenzioni sociali e le aspettative degli altri. Non aver paura di fare cose da solo, anche se può sembrare controcorrente. Ricorda che il tuo benessere e la tua felicità sono priorità, e che prendersi cura di te stesso significa fare scelte che ti permettano di esprimerti liberamente. A sostegno di tutto questo processo deve esserci l'autocompassione. Sii gentile con te stesso e trattati con amore e rispetto. Riconosci che sei un essere umano e che puoi commettere errori o incontrare sfide lungo il cammino. Non giudicarti per i tuoi tentativi ed errori, ma accogli le tue imperfezioni e perdonati quando è necessario. L'autocompassione ti aiuta a coltivare una relazione amorevole con te stesso e a prenderti cura del tuo benessere emotivo.

Capitolo 3 – Come allontanare del tutto il senso di colpa e la vergogna

Dal punto di vista psicologico, il senso di colpa e la vergogna sono entrambe emozioni negative che possono influenzare il benessere emotivo e il comportamento di una persona. Tuttavia, ci sono alcune differenze tra queste due emozioni. Il senso di colpa è un'emozione che sorge quando una persona ritiene di aver violato un proprio valore o un'aspettativa morale. Può derivare da un comportamento scorretto o da una percezione di aver causato un danno o del male a sé stessi o agli altri. Esso anche spingere una persona a cercare di riparare il danno commesso o a adottare comportamenti di auto-punizione.

La vergogna è invece un'emozione più profonda e dolorosa rispetto al senso di colpa. Si manifesta quando una persona percepisce una mancanza o un difetto nel proprio essere, sentendosi inadeguata o inaccettabile. Può riguardare l'immagine di sé, l'aspetto fisico, le abilità personali o comportamenti considerati socialmente inappropriati. L'osservazione delle proprie emozioni può essere un passo importante per liberarsi dal senso di colpa e dalla vergogna e imparare da situazioni di disagio. Ecco alcuni punti chiave da considerare:

- Accogliere le emozioni: prima di tutto, è essenziale accogliere e riconoscere le proprie emozioni, compreso il senso di colpa e la vergogna. Evitare o negare queste emozioni può portare a un accumulo di tensione emotiva. Consentiti di sperimentarle, senza giudicarti duramente;
- Esplorare l'origine delle emozioni: cerca di comprendere l'origine del senso di colpa e della vergogna. Esplora se ci sono aspetti del tuo passato, come esperienze o messaggi ricevuti, che hanno contribuito alla formazione di queste emozioni.

Questa consapevolezza può aiutarti a contestualizzare le tue reazioni emotive e a separare ciò che è effettivamente giusto da ciò che potrebbe essere un'imposizione o un'eccessiva autocritica;
- Cercare il messaggio delle emozioni: ogni emozione ha un messaggio da trasmettere. Esplora cosa il tuo senso di colpa o la vergogna potrebbero cercare di dirti. Potrebbe darsi tu abbia superato un limite personale o che abbia agito in contrasto con i tuoi valori. Considera come puoi apprendere da queste esperienze senza giudicarti eccessivamente. Vedi il senso di colpa e la vergogna come segnali che indicano una possibile necessità di adattamento o crescita personale, ma non come prove che tu sia intrinsecamente cattivo o inaccettabile;
- Coltivare l'autocompassione: la pratica dell'autocompassione è fondamentale per affrontare il senso di colpa e la vergogna in modo sano. Sii gentile con te stesso, come lo saresti con un amico in difficoltà. Ricorda che tutti commettiamo errori e che il processo di apprendimento comporta inevitabilmente dei fallimenti. Pratica l'auto-compassione mediante l'affermazione di pensieri positivi, il riconoscimento dei tuoi sforzi e la celebrazione dei tuoi progressi;
- Impara dal processo di apprendimento: come menzionato, l'apprendimento coinvolge spesso la sperimentazione, gli errori e la crescita. Riconosci che i momenti di disagio o di imbarazzo sono parte integrante del processo di apprendimento e di sviluppo personale. Prendi in considerazione questi istanti come opportunità di acquisire nuove competenze, di superare le tue limitazioni e di crescere come individuo;
- Praticare l'autostima e la resilienza: lavora sulla tua autostima e sulla tua resilienza emotiva. Riconosci e valorizza le tue capacità e le tue qualità positive.

Capitolo 4 – La gestione dei lutti e delle perdite

Il lutto e la perdita sono esperienze significative che possono avere un impatto profondo sulla salute mentale e sul benessere emotivo di una persona. Il lutto si riferisce al processo di adattamento a una perdita significativa, che può includere la morte di una persona cara, la fine di una relazione importante o altre forme di separazione dolorosa. Le perdite possono anche essere non legate alla morte, come la perdita di un lavoro, un cambiamento significativo nella salute o un evento traumatico. Una buona gestione del lutto e della perdita è un processo complesso che coinvolge diversi aspetti della vita di una persona. La terapia cognitivo comportamentale (TCC) è un approccio terapeutico ampiamente utilizzato per aiutare le persone ad affrontare il lutto e le perdite in modo efficace. I nostri pensieri, le nostre emozioni e i nostri comportamenti sono interconnessi e possono influenzarsi reciprocamente; perciò, intervenire su di essi può darci un grande giovamento.

Nel contesto del lutto e delle perdite, la TCC si concentra appunto sull'esplorazione e sulla modifica dei pensieri e dei comportamenti disfunzionali che possono contribuire al dolore emotivo e al prolungamento del processo di guarigione. Ecco di seguito alcune strategie comuni utilizzate nella TCC. Una prima potrebbe essere l'esplorazione e ristrutturazione dei pensieri negativi: la TCC aiuta le persone a identificare e a sfidare i pensieri negativi e distorti associati al lutto e alle perdite. Ciò implica l'esplorazione di credenze irrazionali o disfunzionali legate alla perdita e la loro sostituzione con pensieri più realistici e adattivi. In secondo luogo, abbiamo la gestione delle emozioni. La TCC fornisce strumenti per la gestione delle emozioni intense associate al lutto e alle perdite. Questo può includere l'apprendimento di tecniche di rilassamento, la pratica della mindfulness e l'esplorazione delle emozioni attraverso la verbalizzazione o l'utilizzo di tecniche creative. In seguito, citiamo la programmazione di attività gratificanti. La TCC incoraggia le persone a impegnarsi in attività piacevoli e gratificanti nonostante il dolore della perdita. Questo può includere il mantenimento di una routine quotidiana, l'impegno in hobby o interessi personali, l'incentivazione delle relazioni sociali e l'esercizio fisico regolare. Un'altra valida strategia è quella di adattamento al cambiamento. Ciò aiuta le persone a esplorare il modo in cui la perdita ha influenzato la loro vita e a sviluppare strategie di adattamento per affrontare i cambiamenti e costruire una nuova identità senza la persona o cosa perduta. Questo può comportare l'identificazione di nuovi obiettivi, la ristrutturazione delle relazioni sociali e l'esplorazione di nuove opportunità. Importante è anche soffermarsi sull'elaborazione dei ricordi: la TCC supporta la persona nel processo di elaborazione dei ricordi legati alla perdita. Ciò può includere la creazione di rituali di commiato, l'esplorazione di tecniche narrative per integrare la perdita nella propria storia di vita e l'espressione creativa attraverso l'arte o la scrittura.

La gestione del lutto e delle perdite è un processo individuale e unico per ciascuna persona. La TCC fornisce strumenti e strategie pratiche per affrontare in modo efficace il dolore emotivo e per favorire un adattamento sano e significativo alle perdite. Tuttavia, è importante sottolineare che ogni persona ha un proprio ritmo di guarigione e che il supporto di un professionista esperto può essere di grande valore nel processo di gestione del lutto e delle perdite.

Capitolo 5 – Come rompere gli schemi e uscire dalla zona di comfort

Rompere gli schemi e uscire dalla zona di comfort è un passo importante per la crescita personale e il raggiungimento dei nostri obiettivi. Significa superare le abitudini e le routine consolidate per esplorare nuove esperienze e sfide. Ancora la volta la psicologia ci aiuta a superare eventuali ostacoli e difficoltà che possiamo trovare nel percorso. È necessario innanzitutto avere la piena consapevolezza dei propri schemi. Prova a identificare i modelli di pensiero e comportamento che ti tengono bloccato nella zona di comfort. Prendi nota delle tue abitudini e delle paure che potrebbero limitarti. Sfida le tue convinzioni limitanti. esplora le convinzioni che ti impediscono di provare nuove esperienze.

Chiediti se queste credenze sono realistiche e se ti stanno davvero aiutando a raggiungere i tuoi obiettivi. Sfida le convinzioni negative e sostituiscile con pensieri più positivi e supportanti. Ricordati di impostare obiettivi realistici. Identifica gli obiettivi che desideri raggiungere al di fuori della tua zona di comfort. Sii specifico, misurabile e realistico nella definizione degli obiettivi.

Suddividili in piccoli passi per renderli più accessibili. Sperimenta nuove esperienze: inizia a provare attività o esperienze che non hai mai fatto prima. Puoi iniziare con piccoli passi, come provare un nuovo hobby o visitare un posto diverso. Sperimenta nuove situazioni sociali o accetta sfide che ti mettano leggermente a disagio. Se ti trovi in situazioni di paura e l'ansia, ricordati che non vanno represse ma gestite. Impara a gestire queste emozioni attraverso tecniche di rilassamento, la pratica della mindfulness o la sostituzione dei pensieri negativi con quelli più positivi. Puoi anche cercare il supporto di altre persone: condividi le tue intenzioni di uscire dalla zona di comfort con persone di fiducia.

Trova un partner responsabile o un gruppo di supporto che possa incoraggiarti e motivarti lungo il percorso. Fai tesoro dell'esperienza: annota ciò che impari durante il processo di rottura degli schemi ed esci dalla zona di comfort. Riconosci i successi e le sfide affrontate lungo il percorso. Questo ti aiuterà a mantenere la motivazione e ad adattare le tue strategie nel tempo. Ricorda che il processo di uscita dalla zona di comfort richiede tempo, impegno e pazienza. Sii gentile con te stesso durante questo percorso e celebra ogni piccolo passo avanti.

Capitolo 6 – La propria autostima rinnovata

L'elaborazione di tutti quegli aspetti di cui abbiamo parlato in precedenza - l'uscita dalla zona di comfort, la coltivazione della propria solitudine, la gestione del lutto e delle perdite, il superamento del senso di colpa e della vergogna, e gli esercizi di auto-scoperta - può contribuire a una rinnovata autostima.
Nathaniel Branden: Branden è considerato uno dei pionieri nell'ambito dell'autostima. Ha sottolineato l'importanza dell'autostima nel benessere individuale e nella realizzazione personale; ha evidenziato l'importanza di un'autostima sana e ha sviluppato strategie per migliorarla. Secondo Nathaniel Branden, ci sono dei pilastri fondamentali che sorreggono l'autostima. Tra questi: la consapevolezza, l'accettazione, la responsabilità, l'integrità, l'autonomia, l'auto-accettazione e l'apprezzamento, ed infine la crescita personale. Ma cosa significa avere una buona autostima? Significa ottenere una valutazione positiva e realistica di sé stessi, basata sull'apprezzamento delle proprie qualità, abilità e valore come individuo. Si tratta di sviluppare un senso di fiducia e sicurezza, senza essere arroganti o egocentrici.

Ecco alcune caratteristiche di una buona autostima:
- Apprezzamento di sé: implica riconoscere e apprezzare le proprie qualità, competenze e successi. Si tratta di focalizzarsi sugli aspetti positivi di sé stessi e di avere una visione equilibrata delle proprie debolezze, senza svalutarsi o criticarsi eccessivamente;
- Accettazione di sé: bisogna saper accettare sé stessi per quello che si è, con i propri difetti e imperfezioni. Significa essere consapevoli delle proprie limitazioni e lavorare per migliorare, senza cercare di essere perfetti;

- Fiducia in sé stessi: comporta avere fiducia nelle proprie forze e nella capacità di affrontare le sfide. Si tratta di credere di poter raggiungere i propri obiettivi e di essere disposti a mettersi alla prova, nonostante le incertezze e i fallimenti eventuali;
- Rispetto per sé stessi: vuol dire rispettare sé stessi e le proprie necessità. Significa impostare limiti sani nelle relazioni, difendere i propri valori e prendersi cura del proprio benessere emotivo, fisico e mentale;
- Resilienza: cioè la capacità di affrontare le avversità e i fallimenti con resilienza. Si tratta di imparare dagli errori, superare le sfide e continuare a crescere e svilupparsi nonostante gli ostacoli;
- Empatia: una buona autostima non si basa solo sull'apprezzamento di sé stessi, ma include anche la capacità di essere empatici verso gli altri. Significa avere un'apertura mentale, rispettare e comprendere le esperienze altrui senza giudizio.

Avere una buona autostima è importante per la salute e il benessere. Contribuisce a una maggiore soddisfazione personale, relazioni più sane e al raggiungimento dei propri obiettivi. Svilupparla richiede tempo, impegno e lavoro su sé stessi, ma può portare a una maggiore felicità e realizzazione personale.

Capitolo 7 – Aumentare e fare proprio il senso di fiducia

La fiducia è un concetto psicologico fondamentale che riguarda la nostra capacità di credere e affidarci a qualcosa o qualcuno. Nel contesto dell'autostima e della dipendenza affettiva, la fiducia verso sé stessi è un elemento essenziale per costruire una personalità sicura e indipendente.

La fiducia in sé stessi implica la consapevolezza delle proprie capacità, competenze e risorse interne. Significa avere la convinzione di poter affrontare le sfide e le difficoltà della vita in modo efficace, senza dover dipendere costantemente dagli altri per sentirsi validi e completi.
La fiducia in sé stessi si sviluppa gradualmente attraverso un processo di esplorazione, apprendimento e successi personali. È importante riconoscere e valorizzare i propri punti di forza, le esperienze positive e le abilità che abbiamo acquisito nel corso della vita. L'autostima è strettamente correlata alla fiducia in sé stessi, poiché entrambe si nutrono reciprocamente.

Per aumentare la fiducia in sé stessi, è necessario lavorare sulla conoscenza di sé, sviluppando una maggiore consapevolezza delle proprie emozioni, pensieri e comportamenti. Ciò implica una riflessione interna, l'esplorazione dei propri valori, dei propri obiettivi e delle proprie passioni. Inoltre, è importante sfidare le convinzioni limitanti e le auto-dicerie negative che minano la fiducia in sé stessi. Sostituire i pensieri negativi con affermazioni positive può aiutare a rafforzare l'autostima e la fiducia personale.

L'acquisizione di competenze e abilità è un altro elemento chiave per sviluppare fiducia in sé stessi. Imparare nuove cose, affrontare nuove sfide e raggiungere piccoli obiettivi può contribuire a costruire un senso di competenza e di sicurezza personale.

Capitolo 8 – Come imparare a volersi bene

Ognuno di noi ha le proprie cicatrici, esperienze dolorose e momenti di vulnerabilità, ma è fondamentale comprendere che nonostante tutto, siamo meritevoli di amore, inclusi noi stessi. Le esperienze passate e le relazioni interpersonali possono influenzare il modo in cui ci percepiamo e ci trattiamo. Tuttavia, è importante ricordare che queste esperienze non definiscono la nostra intrinseca dignità e valore come esseri umani.
Volersi bene è un atto di coraggio e gentilezza verso sé stessi. Accettarsi per quello che si è, con tutte le imperfezioni e le fragilità, è il primo passo. Osserva i tuoi pensieri e parole rivolte a te stesso: sei critico, giudicante o compassionevole? Abbraccia l'idea che sei una persona unica e speciale, degna di amore e rispetto.

Per coltivare un amore sano verso sé stessi, dedica del tempo al benessere fisico, mentale ed emotivo. Ascolta le tue esigenze e desideri, cerca di soddisfare le tue necessità fondamentali. Impara a stabilire confini sani e a dire "no" quando necessario, rispettando i tuoi limiti e priorità.
Il perdono è una componente cruciale dell'amore di sé. Perdonati e perdona gli altri, liberati dal peso del passato e apriti a nuove opportunità di crescita e felicità. Ricorda che tutti commettiamo errori e che l'amore di sé è un viaggio che richiede pazienza e comprensione.

L'autocura è un'altra dimostrazione di amore verso sé stessi. Dedica del tempo ogni giorno per prenderti cura di te stesso, praticando attività che ti portino gioia e serenità. Sii consapevole delle tue emozioni e cerca di gestirle in modo sano e costruttivo.

Il tuo valore personale non dipende dall'approvazione o dall'amore degli altri. Non cercare costantemente l'approvazione esterna per sentirsi bene con te stesso. Il vero amore di sé viene dall'interno, dalla consapevolezza della tua unicità e del tuo valore intrinseco come individuo.

Volersi bene è un atto di amore necessario, è una forma di gentilezza e compassione verso sé stessi di cui non si può fare davvero a meno, e non si può pensare che non volendosi bene da soli gli altri sopperiranno: è il genere di errore di valutazione che fanno di solito le persone affette da dipendenza affettiva, e noi vogliamo liberarcene. Non importa cosa abbia vissuto in passato o quante sfide possano presentarsi lungo il cammino, sei comunque meritevole di amore e affetto. Coltiva un amore sano, prenditi cura di te stesso e scoprirai che sei una persona completa, capace di vivere una vita soddisfacente e appagante, libera dalla dipendenza emotiva dagli altri.

Capitolo 9 – I modi per ottenere autonomia e imparare ad amare

Paul Watzlavick, uno psicologo e filosofo delle comunicazioni, sostiene che l'autonomia e il senso di sé sono fondamentali per vivere una vita appagante e soddisfacente. Se ti ritrovi a considerarti troppo debole e dipendente dagli altri, è importante comprendere che ognuno di noi è unico e ha un potenziale enorme da sviluppare.

Innanzitutto, è necessario riconoscere che la nostra individualità non è una debolezza, ma una forza. Ognuno di noi ha le proprie caratteristiche, talenti e valori, che ci distinguono dagli altri. Accetta la tua unicità e vedila come un punto di forza, perché è ciò che ti rende speciale.

Per riappropriarti della tua autonomia, è importante focalizzarsi sul confronto con te stesso, anziché verso gli altri. Spesso, cerchiamo costantemente l'approvazione e il sostegno esterni, ma è fondamentale imparare a confrontarsi con sé stessi, a conoscere le proprie esigenze, desideri e valori. Prendi il tempo per riflettere su chi sei veramente e cosa desideri dalla vita, senza farti influenzare dalle aspettative degli altri. Superare le abitudini negative richiede consapevolezza e impegno. Identifica quegli atteggiamenti che ti rendono dipendente dagli altri e sforzati di interromperle gradualmente. Ad esempio, potresti essere abituato a mettere sempre le esigenze degli altri al di sopra delle tue, o a cercare costantemente l'approvazione esterna. Sii consapevole e prova a sostituirle con nuovi comportamenti che promuovano la tua autonomia e il tuo benessere.

Ricorda che la gestione della tua identità è un processo individuale. Non devi confrontarti costantemente con gli altri per definire chi sei. Sii gentile con te stesso e concediti il tempo e lo spazio necessari per esplorare e sviluppare la tua autenticità. Con il tempo, scoprirai che la tua autonomia e la tua capacità di vivere la vita secondo i tuoi valori e desideri diventeranno una fonte di forza e soddisfazione.

In conclusione, riconosci che la tua unicità è un punto di forza. Sii coraggioso nel confrontarti con te stesso e prendi decisioni che rispecchiano la tua autenticità. Superando abitudini negative e coltivando la tua autonomia, potrai finalmente vivere una vita piena e soddisfacente, libera dalla dipendenza emotiva dagli altri.

Capitolo 10 – Infine, la scoperta della vostra bellezza interiore

La bellezza interiore, dal punto di vista psicologico, può essere definita come un insieme di qualità e tratti interiori che rendono una persona unica, autentica e in grado di apprezzare sé stessa. Si tratta di un aspetto fondamentale dell'identità e del benessere psicologico di un individuo.

La bellezza interiore non è intesa come uno strumento per attrarre le persone o tenerle legate a sé, ma come un'essenza che permette di sviluppare una relazione positiva con la propria mente. È la consapevolezza e l'apprezzamento delle proprie qualità, dei propri valori e delle proprie passioni, indipendentemente dal giudizio o dall'approvazione degli altri.

Tu puoi piacere a te stesso/a te stessa, e nessuno può dirti che non vai bene.

Certo, se vai da un medico e questo ti prescrive una cura con cui modificare dei comportamenti e delle abitudini, farai bene a seguire i suoi consigli perché riguardano la tua salute, mentre invece in molti altri casi, le persone tendono a spiegarti cosa tu debba apprezzare o meno di te quando vogliono manipolarti: non permettere loro di dire quali gusti tu debba avere e come vivere la tua interiorità.

La bellezza interiore non si basa su aspetti superficiali come quello fisico, ma piuttosto sulla capacità di connettersi con le proprie emozioni, di esprimere sé stessi in modo autentico e di coltivare una sana autostima. È la capacità di amarsi e apprezzarsi per ciò che si è, senza cercare conferme esterne.

Apprezzare la bellezza interiore è essenziale per vivere una vita soddisfacente e appagante. Quando si sviluppa una consapevolezza positiva di sé stessi, si diventa più resilienti di fronte alle sfide, si ha una maggiore fiducia nelle proprie capacità e si è in grado di stabilire relazioni più autentiche e significative. Invece di cercare l'approvazione degli altri, metti l'accento sulla costruzione di una relazione amorevole con la tua immagine interiore. Questo implica riconoscere e accettare le proprie vulnerabilità, imparare a perdonarsi e a essere compassionevoli verso sé stessi. La bellezza interiore permette di vivere con autenticità, di prendere decisioni basate sui propri valori e di godere appieno delle esperienze che la vita ci offre.

Quindi, prova a considerare la bellezza interiore come un processo di scoperta e di apprezzamento di sé stessi che va al di là degli aspetti superficiali. È una forma di autostima e di autenticità che consente di vivere appieno nella propria identità, senza dipendere dall'approvazione degli altri. È un viaggio interiore che porta ad una maggiore felicità e soddisfazione nella propria vita, e ogni aspetto della tua personalità va inserito in questo quadro.

PARTE QUINTA (BONUS)

COSA POSSIAMO FARE DA SUBITO PER STARE MEGLIO E INIZIARE UN PERCORSO DI GUARIGIONE E CRESCITA

Abbiamo già esplorato diversi esercizi pratici come quello per sviluppare la consapevolezza delle proprie emozioni in una relazione ("Come sto?" "Come mi fa sentire questa persona?") quello per migliorare l'autostima (le affermazioni positive) e quello della meditazione tantrica-buddhista per lasciar andare i pesi (immaginarli come oggetti da ringraziare per i loro intenti e abbracciare le conseguenze positive dell'aver lasciato andare questi fardelli). Qui, giunti quasi alla fine del nostro percorso, cercheremo di capire come usare tutte le nostre informazioni per poter dare un senso pratico a questo sapere.

Capitolo 1 – L'intelligenza emotiva in nostro soccorso

Nel viaggio verso la liberazione dalla dipendenza affettiva, uno strumento fondamentale da affinare e sviluppare è l'intelligenza emotiva. Essa può essere definita come la capacità di identificare, comprendere e gestire efficacemente le proprie emozioni e quelle degli altri. Questo concetto, pur essendo stato ampiamente studiato in vari rami della psicologia, è stato reso popolare dal lavoro influente di Daniel Goleman.

Daniel Goleman, psicologo e autore di fama internazionale, ha catalizzato l'attenzione mondiale sull'importanza cruciale dell'intelligenza emotiva con la pubblicazione del suo libro "Intelligenza Emotiva" nel 1995. Le sue ricerche hanno evidenziato come la tradizionale intelligenza cognitiva (IQ) non sia l'unico predittore del successo nella vita personale e professionale. Al contrario, l'intelligenza emotiva, o EQ, ha un ruolo altrettanto, se non più, importante.

Secondo Goleman, l'intelligenza emotiva si sviluppa su cinque pilastri principali:

1. Autocoscienza: la capacità di riconoscere e comprendere le proprie emozioni, e di capire come queste possano influenzare il proprio comportamento e pensiero;

2. Autocontrollo: la capacità di regolare le proprie emozioni, in modo da non essere completamente governati da esse;

3. Motivazione intrinseca: una forte spinta interna verso l'obiettivo, non basata su ricompense esterne, che permette una concentrazione profonda sui propri obiettivi a lungo termine;

4. Empatia: la capacità di comprendere e condividere i sentimenti degli altri, essenziale per costruire relazioni sane e funzionali;

5. Abilità sociali: la capacità di gestire e influenzare le emozioni degli altri, e di comunicare in modo efficace.

Nel contesto della dipendenza affettiva, comprendere e sviluppare la propria intelligenza emotiva può diventare un'ancora di salvezza. Una maggiore autocoscienza può aiutare a riconoscere i pattern comportamentali ed emotivi che alimentano la dipendenza. L'autocontrollo può aiutare a gestire le reazioni emotive intense che spesso caratterizzano queste relazioni. L'empatia può facilitare la comprensione delle proprie esigenze emotive e di quelle degli altri, evitando di cadere in dinamiche manipolative. Infine, le abilità sociali possono consentire la costruzione di relazioni più sane e reciprocamente rispettose.

Lavorare sulla propria intelligenza emotiva, come suggerisce Goleman, può dunque diventare un passaggio fondamentale nel percorso verso una vita libera dalla dipendenza affettiva.

Capitolo 2– La "logica" delle emozioni

Come abbiamo potuto imparare dal già citato autore, le emozioni sono un aspetto essenziale della nostra esperienza umana. Esse giocano un ruolo fondamentale nel guidare il nostro comportamento, influenzare le nostre decisioni e plasmare le nostre relazioni.

Le emozioni primarie, come gioia, rabbia, paura, stupore, disgusto e tristezza, sono universali e presenti in tutte le culture umane. Queste emozioni svolgono un ruolo fondamentale nel nostro adattamento evolutivo come specie. Ad esempio, la paura ci aiuta a evitare situazioni pericolose e a proteggerci dal pericolo imminente. La rabbia può essere un segnale che ci indica che i nostri confini personali sono stati violati e ci motiva a difenderci. La gioia ci connette agli altri e ci offre una ricompensa per comportamenti positivi.

Nonostante le emozioni possano sembrare "irrazionali" a volte, esse hanno una logica che riguarda le circostanze e l'ambiente in cui ci troviamo. Le nostre emozioni si basano su un intricato sistema di segnali e reazioni chimiche nel nostro cervello e nel nostro corpo. Esse sono radicate nell'evoluzione e hanno lo scopo di aiutarci a sopravvivere, adattarci e prosperare come individui e come specie.

È importante riconoscere che tutte le emozioni sono valide e hanno un significato. Spesso, la nostra società valorizza alcune emozioni rispetto ad altre, considerando ad esempio la gioia come positiva e la rabbia come negativa. Tuttavia, ogni emozione ha la sua funzione e può fornirci informazioni preziose sulle nostre esperienze e sul nostro stato emotivo.

La chiave per gestire le nostre emozioni è sviluppare l'intelligenza emotiva, che consiste nella consapevolezza e nella gestione delle proprie emozioni e nella capacità di comprendere ed empatizzare con le emozioni degli altri. Questo ci consente di essere più consapevoli dei nostri stati emotivi, di esprimere le nostre emozioni in modo appropriato e di gestire le situazioni emotive in modo costruttivo.

Nonostante le emozioni siano importanti, è fondamentale evitare di diventare schiavi delle stesse. Quando ci identifichiamo troppo con una determinata emozione, rischiamo di lasciarci dominare da essa e di agire impulsivamente. La consapevolezza di sé e la capacità di regolare le emozioni sono quindi fondamentali per evitare che esse ci controllino.

In conclusione, la logica delle emozioni riguarda la loro funzione e importanza nel guidare il nostro comportamento e influenzare le nostre esperienze. Comprendere le emozioni primarie e sviluppare l'intelligenza emotiva ci aiuta a vivere in modo più consapevole e a gestire le nostre emozioni in modo sano e costruttivo. Le emozioni sono una parte essenziale della nostra umanità, e quando riusciamo a comprendere la loro logica e ad utilizzarle in modo consapevole, possiamo trarne beneficio nella nostra vita quotidiana.

Capitolo 3 – Il giusto modo di comunicare gli stati d'animo

Intraprendere il cammino verso la liberazione dalla dipendenza affettiva richiede di sviluppare un'abilità fondamentale: l'assertività nella comunicazione delle emozioni. Spesso, le persone con dipendenza emotiva tendono a nascondere o reprimere i propri sentimenti per paura di essere giudicate o rifiutate. Tuttavia, riconoscere e comunicare in modo sincero ed empatico le proprie emozioni è cruciale per costruire relazioni sane e gratificanti. In questo capitolo, esploreremo l'importanza dell'assertività e forniremo strategie concrete per comunicare le emozioni in modo autentico, favorendo così un rafforzamento dell'autostima e una maggiore consapevolezza emotiva.

L'assertività è una forma di comunicazione che ci consente di esprimere apertamente ciò che pensiamo, sentiamo e desideriamo, rispettando al contempo i diritti e i sentimenti degli altri. Essere assertivi significa assumersi la responsabilità delle proprie emozioni e bisogni, evitando sia l'aggressività che la passività. La pratica dell'assertività offre numerosi benefici, tra cui la possibilità di costruire relazioni autentiche e di stabilire confini sani che promuovano il rispetto reciproco.

Le emozioni sono una parte fondamentale della nostra esperienza umana e ignorarle o reprimerle può causare tensioni interne e ostacolare il pieno sviluppo delle relazioni. La comunicazione delle emozioni è un veicolo potente per la connessione e l'intimità, in quanto permette di condividere la nostra esperienza emotiva con gli altri in modo aperto e sincero. Esprimere le emozioni in modo autentico crea un ambiente di comprensione reciproca e promuove una maggiore consapevolezza emotiva sia in noi stessi che negli altri.

La consapevolezza emotiva è il primo passo per sviluppare l'assertività nella comunicazione delle emozioni. Ciò significa essere in sintonia con i propri sentimenti, identificandoli e comprendendoli in modo onesto e senza giudizio. Riconoscere le proprie emozioni ci permette di comunicarle in modo chiaro e rispettoso, senza nasconderci dietro maschere o compromettere la nostra autenticità.

Nella comunicazione delle emozioni, è essenziale utilizzare un linguaggio diretto e non accusatorio. Evitare il giudizio e concentrarsi invece sulla descrizione dei propri sentimenti e sulle situazioni specifiche che li hanno generati favorisce una comunicazione aperta e onesta. L'ascolto empatico è altrettanto importante: dare agli altri la possibilità di esprimere le proprie emozioni e ascoltarle con attenzione e rispetto crea un clima di fiducia e comprensione reciproca.
La gestione dei conflitti è un'altra abilità chiave nell'assertività emotiva. Imparare a gestire i conflitti in modo costruttivo significa affrontarli con apertura e impegno a trovare soluzioni che soddisfino i bisogni di entrambe le parti. Questo richiede l'abilità di esprimere i propri desideri e bisogni in modo chiaro e assertivo, ma anche la capacità di ascoltare attivamente il punto di vista dell'altro e cercare un terreno comune.

Sviluppare l'assertività nella comunicazione delle emozioni è un processo di crescita personale che richiede tempo e pratica. Tuttavia, è un investimento prezioso per la nostra autostima e la qualità delle nostre relazioni. Ricorda che esprimere le tue emozioni in modo autentico e rispettoso ti permette di costruire relazioni più significative, basate sulla comprensione reciproca e sul rispetto dei bisogni di entrambe le parti. Prendi il controllo della tua comunicazione emotiva e libera il potenziale di connessione e crescita che risiede in te.

3.1 – Un esercizio di comunicazione assertiva

Scegli una situazione in cui desideri migliorare la tua capacità di comunicazione assertiva. Potrebbe essere una conversazione difficile con un amico, un membro della famiglia o un collega.

Prendi un momento per riflettere sulle tue emozioni e bisogni riguardo a questa situazione. Chiediti: Quali sono le mie emozioni? Quali sono i miei bisogni? Quali risultati spero di ottenere da questa comunicazione?
Prendi carta e penna e scrivi una lettera a te stesso in cui esprimi in modo chiaro e assertivo ciò che desideri comunicare. Fai riferimento alle tue emozioni e bisogni senza accusare o attaccare l'altra persona.
Rileggi la lettera e assicurati che sia rispettosa e focalizzata sulla tua esperienza personale. Puoi apportare eventuali modifiche o aggiustamenti se necessario.
Trova un luogo tranquillo e leggi la lettera ad alta voce. Focalizzati sul comunicare con sicurezza e rispetto per te stesso.
Dopo aver letto la lettera, prendi un momento per respirare profondamente e lasciare che le tue emozioni si calmino.
Immagina di essere nella situazione reale e prova a ricreare mentalmente la conversazione usando le parole e il tono di voce che hai utilizzato nella lettera. Immagina di comunicare in modo assertivo, esprimendo i tuoi bisogni e ascoltando l'altra persona con empatia.
Ripeti mentalmente questa visualizzazione più volte, immaginando diverse risposte e reazioni possibili da parte dell'altra persona. Mantieni il focus sull'assertività e sulla comunicazione rispettosa.
Ripeti l'esercizio ogni giorno, visualizzando la comunicazione assertiva nella situazione scelta. Con il tempo, la pratica ti aiuterà a sviluppare una maggiore sicurezza e abilità nella comunicazione assertiva.

Nota: Se ti senti a disagio nel praticare questo esercizio da solo, puoi coinvolgere un amico fidato o un terapeuta che possa svolgere il ruolo dell'altra persona nella conversazione simulata.

Ricorda che la pratica costante e la consapevolezza sono fondamentali per migliorare la comunicazione assertiva. Con il tempo, sarai in grado di applicare queste abilità nella vita reale, creando relazioni più autentiche e soddisfacenti.

Capitolo 4 – Come entrare in sintonia con gli altri: l'empatia, l'abilità per la connessione profonda con gli altri

L'empatia è una capacità umana fondamentale che ci permette di comprendere e condividere le emozioni e le esperienze degli altri. È l'abilità di mettersi nei panni delle altre persone, di sentire con loro e di mostrare comprensione e compassione. Questo strumento è diventato importantissimo per la nostra evoluzione in quanto è stato grazie alla capacità dell'uomo di unire i propri simili in gruppi organizzati che lo ha portato a compiere i suoi passi più significativi fuori dallo stato di natura dove vigeva la legge del più forte e il pericolo della vita selvatica.

Per chi soffre di dipendenza emotiva, l'empatia può essere un aspetto particolarmente complesso da gestire. Questo perché la dipendenza emotiva porta a cercare disperatamente una connessione emotiva con gli altri, spesso proiettando sul partner o sull'oggetto del desiderio emozioni positive e aspettative di reciproca intensità. Si cerca la conferma che l'altro ci ricambi in modo eguale, alimentando così una sorta di abuso dell'empatia.

Le persone con dipendenza emotiva tendono a mettere le esigenze degli altri al di sopra delle proprie, sacrificando la propria felicità e benessere in cambio di una connessione emotiva. Si sforzano di comprendere e soddisfare le esigenze degli altri, spesso a discapito delle proprie. Questo può portare a un disequilibrio nel rapporto, con una sovraccarico emotivo per chi soffre di dipendenza e una mancanza di reciprocità da parte dell'altro.

L'empatia in sé non è un problema, anzi, è una qualità preziosa che ci permette di connetterci con gli altri in modo profondo e autentico. Tuttavia, è importante trovare un equilibrio sano nel suo utilizzo, in modo da non cadere in dinamiche di dipendenza emotiva.

Per coltivare un'empatia sana e consapevole, è importante sviluppare una comprensione di sé stessi. Bisogna imparare a riconoscere le proprie emozioni, a distinguere tra le emozioni degli altri e le proprie, e a stabilire confini sani nelle relazioni. È necessario imparare a mettere sé stessi al centro dell'attenzione e a soddisfare i propri bisogni emotivi, senza dipendere interamente dagli altri per il proprio senso di felicità e benessere.

Riconoscere la propria dipendenza emotiva e lavorare sulla propria autostima e indipendenza emotiva può aiutare a gestire in modo più equilibrato l'empatia. Imparare a stabilire limiti e a comunicare in modo assertivo le proprie esigenze ed emozioni può contribuire a costruire relazioni più sane e bilanciate. L'empatia è una capacità preziosa che ci permette di connetterci con gli altri in modo profondo, ma è importante utilizzarla in modo consapevole e bilanciato. Per chi soffre di dipendenza emotiva, è fondamentale sviluppare una maggiore consapevolezza di sé e lavorare sulla propria indipendenza emotiva per creare relazioni più sane e soddisfacenti.

4.1 – Un esercizio sull'empatia

Trova un luogo tranquillo in cui puoi dedicarti all'esercizio senza distrazioni. Siediti in una posizione comoda e rilassata, respirando profondamente per qualche istante per centrare la tua attenzione. Porta alla mente una persona con cui hai un rapporto personale e informale. Concentrati su questo e sulle esperienze che avete condiviso.
Osserva le tue sensazioni e le emozioni che emergono mentre pensi a questa persona. Prendi nota di queste emozioni senza giudicarle o giustificarle. Analizza ciò che hai sperimentato riguardo a questa persona. Chiediti se queste emozioni sono simili o diverse da quelle che pensi possa provare la persona stessa. Accettale senza giudicarle né giustificarle. Riconosci che le tue

emozioni possono essere diverse da quelle dell'altra person., che entrambe sono valide.

Rifletti su come queste emozioni influenzano il tuo rapporto con questa persona. C'è un'armonia emotiva o ci sono delle discrepanze? Come ti senti in relazione a questa persona quando riconosci le tue emozioni? Considera come queste emozioni condivise o non condivise influiscono sul tuo rapporto con questa persona. Chiediti se ci sono aspetti che desideri esplorare o discutere con la persona in questione in relazione alle emozioni. Se senti il bisogno, prenditi del tempo per esprimere apertamente le tue emozioni in modo rispettoso e assertivo con la persona coinvolta, condividendo il tuo punto di vista.

Chiudi l'esercizio tornando alla tua respirazione e portando consapevolezza al tuo corpo. Rifletti sulle nuove informazioni che hai acquisito sulla natura del tuo rapporto e sulle tue emozioni in relazione ad esso. Sii gentile con te stesso e con gli altri mentre continui a sviluppare la tua empatia consapevole e a comprendere meglio le dinamiche emotive nelle tue relazioni personali.

Nota: Ricorda che questo esercizio si basa sulla tua percezione delle emozioni altrui e può essere soggettivo. L'obiettivo principale è sviluppare una maggiore consapevolezza delle tue emozioni e dei tuoi rapporti. Se necessario, consulta un professionista per supporto e approfondimenti nel tuo percorso di sviluppo emotivo.

– La crescita delle abilità sociali

delle abilità sociali è fondamentale per costruire una perso... forte e sicura, in grado di affrontare le sfide della comunicazione e interagire efficacemente con gli altri. Essere in grado di comunicare in modo chiaro, ascoltare attentamente, mostrare empatia e rispettare le opinioni altrui sono abilità che favoriscono relazioni positive e appaganti. Per chi soffre di dipendenza affettiva, sviluppare abilità sociali solide può essere particolarmente benefico. Poter contare su sé stessi nella comunicazione e nella relazione con gli altri aiuta a ridurre la dipendenza emotiva e a costruire una maggiore fiducia in sé stessi.

Migliorando le proprie abilità sociali, una persona con dipendenza affettiva può imparare a comunicare in modo assertivo, esprimendo i propri bisogni e desideri senza paura di essere giudicati o rifiutati. Questo le permette di stabilire confini sani, di sviluppare relazioni più equilibrate e di ridurre la dipendenza emotiva da altre persone. Inoltre, acquisendo una migliore immagine di sé attraverso lo sviluppo delle abilità sociali, la persona con dipendenza affettiva diventa meno dipendente dall'approvazione e dall'affetto degli altri per sentirsi valida. Riesce a riconoscere il proprio valore intrinseco e a trovare soddisfazione e appagamento in sé stessa.

Le abilità sociali contribuiscono inoltre a migliorare la qualità delle relazioni, consentendo una comunicazione più efficace, la gestione dei conflitti in modo costruttivo e la creazione di legami di fiducia reciproca. Ciò aiuta a creare relazioni più equilibrate, basate sulla reciprocità e sul rispetto reciproco. Lo sviluppo delle abilità sociali è un processo non immediato ma comunque molto importante per chi soffre di dipendenza affettiva, in quanto permette di acquisire maggiore indipendenza emotiva, una migliore immagine di sé e una capacità più solida di gestire le relazioni interpersonali. Questo processo favorisce la crescita personale e il raggiungimento di una maggiore soddisfazione e felicità nella vita.

5.1 – I pilastri fondamentali delle abilità sociali per la comunicazione emotiva efficace

Eccoti un breve elenco con le principali abilità sociali che ti serviranno per qualunque tipo di relazione. Cerca di capire in quali ti senti più forte e quali invece sono migliorabili, senza vergognartene né preoccupartene: stabilisci piccoli passi ogni giorno per appropriarti di queste conoscenze e determina i tuoi obbiettivi personali.

- Ascolto attivo: mostrare interesse genuino per ciò che l'altra persona sta dicendo, prestando attenzione, facendo domande e fornendo feedback appropriati;
- Empatia: Essere in grado di comprendere e condividere le emozioni e le prospettive dell'altra persona, mettendosi nei suoi panni e mostrando comprensione;
- Comunicazione non verbale: utilizzare il linguaggio del corpo, come l'espressione facciale, il contatto visivo, la postura e i gesti, per sostenere ed arricchire la comunicazione verbale;
- Espressione di sé: essere in grado di comunicare in modo chiaro e diretto i propri pensieri, sentimenti e bisogni, senza paura di esprimere le proprie opinioni o di chiedere ciò di cui si ha bisogno;
- Feedback costruttivo: dare e ricevere feedback in modo costruttivo e rispettoso, concentrandosi sugli aspetti specifici del comportamento o delle azioni, senza attaccare la persona;
- Gestione dei conflitti: essere in grado di affrontare e risolvere i conflitti in modo pacifico, ascoltando le diverse prospettive, cercando soluzioni di compromesso e mantenendo un atteggiamento calmo e rispettoso;

- Capacità di negoziazione: essere in grado di negoziare e trovare soluzioni che soddisfino le esigenze di entrambe le parti coinvolte, tenendo conto delle diverse opinioni e interessi;
- Riconoscimento delle emozioni altrui: essere in grado di riconoscere ed interpretare le emozioni delle altre persone, sia attraverso il linguaggio del corpo che attraverso le parole, mostrando sensibilità e comprensione;
- Rispetto delle diversità: essere aperti e rispettosi nei confronti delle differenze individuali, come l'etnia, la cultura, le opinioni politiche o religiose, evitando pregiudizi e discriminazioni;
- Capacità di problem solving: essere in grado di affrontare i problemi in modo razionale, identificando le cause, valutando le possibili soluzioni e prendendo decisioni efficaci;
- Pazienza e tolleranza: essere pazienti e tolleranti nei confronti degli altri, aspettandosi che ognuno abbia i propri tempi e modi di comunicare;
- Feedback positivo: essere in grado di riconoscere e apprezzare i punti di forza e i successi delle altre persone, fornendo un feedback positivo che le incoraggi e le sostenga;
- Adattabilità: essere flessibili e adattabili nelle diverse situazioni sociali, mostrando la capacità di adattarsi ai cambiamenti e di interagire in modo appropriato con diverse personalità;
- Etichetta sociale: avere una buona conoscenza delle norme e delle regole sociali, come salutare, ringraziare, chiedere scusa e mantenere un comportamento rispettoso nelle diverse situazioni sociali;
- Gestione dello stress: essere in grado di gestire il proprio stress e le proprie emozioni durante le interazioni sociali, mantenendo un atteggiamento calmo e controllato.

Capitolo 6 – I 30 passi fondamentali per la propria rinascita

Ecco un possibile elenco di 30 passi per affrontare e superare la dipendenza affettiva, divisi in tre fasi: riconoscimento, identificazione dei comportamenti inconsci e strategie per uscire dalla dipendenza. Qui troverai una condensazione di tutti i saperi più importanti che stanno alla base del testo che hai letto e che puoi usare in qualsiasi momento per poter monitorare le tue emozioni e la tua crescita personale. Puoi ricopiare questi trenta punti e farne una pagina fondamentale del tuo diario, oppure trascriverli per averli sempre con te per trasmetterti consapevolezza e forza.

6.1 - Riconoscimento della dipendenza affettiva

1. Riconosci i tuoi sentimenti di vuoto o di solitudine quando sei da solo;

2. Fai attenzione alle volte in cui metti gli altri prima di te stesso, a tuo danno;

3. Nota quando ti senti in colpa o ansioso per i bisogni o i desideri degli altri;

4. Presta attenzione a quando senti il bisogno di controllare o manipolare le persone per farle restare con te;

5. Prendi nota dei momenti in cui ti senti svalutato o respinto;

6. Osserva i momenti in cui tendi a evitare i conflitti per paura di perdere qualcuno;

7. Nota quando agisci in modo passivo-aggressivo;

8. Prendi consapevolezza di quando cerchi l'approvazione degli altri per sentirti validato;

9. Riconosci la tua dipendenza da relazioni disfunzionali;

10. Prendi nota di quando la tua autostima è legata al giudizio altrui.

6.2 Identificazione dei comportamenti inconsci

1. Identifica i pensieri irrazionali che alimentano la tua dipendenza;

2. Nota le volte in cui minimizzi o neghi i tuoi sentimenti;

3. Identifica i momenti in cui ripeti schemi di relazione dannosi;

4. Prendi nota dei tuoi comportamenti compulsivi;

5. Riconosci i tuoi meccanismi di difesa (negazione, razionalizzazione, ecc.);

6. Prendi atto dei momenti in cui fai troppe concessioni per mantenere una relazione;

7. Identifica le volte in cui ti aggrappi a relazioni non reciproche;

8. Nota i momenti in cui confondi la dipendenza con l'amore;

9. Identifica i comportamenti di auto sabotaggio;

10. Riconosci i tuoi sentimenti di inadeguatezza per cui non ti senti meritevole di affetto.

6.3 Strategie per uscire dalla dipendenza affettiva

1. Inizia a tenere un diario delle tue emozioni e delle tue relazioni;

2. Pratica la meditazione o altre tecniche di rilassamento;

3. Visualizza il tipo di relazione funzionale che desideri;

4. Parla dei tuoi sentimenti quando ti senti pronto;

5. Esplora nuove relazioni e amicizie;

6. Cerca il supporto di uno specialista;

7. Pratica l'auto-compassione e l'auto-accettazione;

8. Impara a stabilire dei confini sani nelle tue relazioni;

9. Sviluppa una routine di autostima (esercizio fisico, alimentazione sana, hobby, ecc.);

10. Concentrati sulla crescita personale e sullo sviluppo delle tue capacità e dei tuoi talenti.

Questi passi non devono essere necessariamente seguiti in un ordine specifico. Ognuno ha il suo percorso unico di guarigione e il ritmo dovrebbe essere determinato dalle proprie esigenze individuali e dal supporto terapeutico. Ricorda, superare la dipendenza affettiva non è un processo rapido, ma richiede tempo, pazienza e impegno. Vediamoli meglio nel dettaglio:

1. Riconosci i tuoi sentimenti di vuoto o di solitudine quando

sei da solo: le persone con dipendenza affettiva spesso si sentono vuote o sole quando non sono in relazione con gli altri. Questa sensazione può essere molto dolorosa e può portare a comportamenti disfunzionali per evitare la solitudine, come formare relazioni malsane o esagerare la propria importanza nelle relazioni esistenti. In psicologia, questo è un classico segnale di un disturbo dell'attaccamento, e può essere affrontato attraverso terapie volte a costruire un senso di identità e di autonomia più solido;

2. Fai attenzione alle volte in cui metti gli altri prima di te stesso a tuo danno: le persone dipendenti affettivamente possono avere una tendenza a mettere le esigenze degli altri prima delle proprie, a volte a proprio danno. Questo può essere indicativo di una bassa autostima e di un'identità fragile. La terapia cognitivo-comportamentale può essere utile per affrontare questi comportamenti, aiutando a sviluppare un senso di sé più forte e una maggiore assertività;

3. Nota quando ti senti in colpa o ansioso per i bisogni o i desideri degli altri: questa è una manifestazione classica dell'ansia da separazione o dell'abbandono, tipica nelle persone con dipendenza affettiva. Questo può essere il risultato di esperienze traumatiche o di relazioni passate in cui i bisogni dell'individuo non sono stati adeguatamente soddisfatti;

4. Presta attenzione a quando senti il bisogno di controllare o manipolare le persone per farle restare con te: questo è un tentativo disfunzionale di mantenere le relazioni, ed è spesso legato alla paura dell'abbandono. Può manifestarsi come gelosia, possessività, o manipolazione emotiva;

5. Prendi nota dei momenti in cui ti senti svalutato o respinto: le persone con dipendenza affettiva possono avere una sensibilità eccessiva al rifiuto, che può portare a una percezione distorta delle interazioni sociali;

6. Osserva i momenti in cui tendi a evitare i conflitti per paura di perdere qualcuno: evitare il conflitto può essere un segnale di dipendenza affettiva, in quanto può indicare un eccessivo bisogno di approvazione o di armonia nelle relazioni;

7. Nota quando agisci in modo passivo-aggressivo: il comportamento passivo-aggressivo può essere un modo disfunzionale di esprimere rabbia o insoddisfazione nelle relazioni, e può indicare una paura del conflitto o del rifiuto;

8. Prendi consapevolezza di quando cerchi l'approvazione degli altri per sentirsi validato: questo è un segnale di un basso senso di autostima e di una dipendenza dalle relazioni per il senso di sé;

9. Riconosci la tua dipendenza da relazioni disfunzionali: la dipendenza affettiva può portare a un modello di relazioni disfunzionali o malsane, in cui l'individuo si trova spesso in relazioni con persone che non sono in grado o non sono disposte a soddisfare le sue esigenze emotive;

10. Prendi nota di quando la tua autostima è legata al giudizio altrui: questo può essere un segnale di una scarsa autostima intrinseca e di una dipendenza dalle relazioni per il senso di valore. Può essere utile lavorare con un terapeuta per sviluppare un senso di autostima più solido e indipendente;

11. Identifica i pensieri irrazionali che alimentano la tua dipendenza: molte volte, la dipendenza affettiva è

alimentata da pensieri irrazionali come la paura dell'abbandono, il bisogno di approvazione, o la convinzione che non si possa essere felici da soli. Identificare e sfidare questi pensieri è un passo cruciale nella gestione della dipendenza affettiva;

12. Nota le volte in cui minimizzi o neghi i tuoi sentimenti: spesso, le persone con dipendenza affettiva possono minimizzare o negare i propri sentimenti per mantenere l'armonia nelle relazioni. Questo può portare a un accumulo di emozioni non espresse, che può esplodere in modi imprevisti e dannosi;

13. Identifica i momenti in cui ripeti schemi di relazione dannosi: la dipendenza affettiva può portare a schemi ripetitivi di relazioni dannose. Ad esempio, potresti trovarti sempre attratto da partner emotivamente non disponibili o manipolativi;

14. Prendi nota dei tuoi comportamenti compulsivi: i comportamenti compulsivi, come la verifica ossessiva del telefono per i messaggi del partner, possono essere segni di dipendenza affettiva. Questi comportamenti sono spesso motivati da ansia e insicurezza;

15. Riconosci i tuoi meccanismi di difesa (negazione, razionalizzazione, ecc.): i meccanismi di difesa possono servire a proteggerti dal dolore emotivo, ma possono anche impedirti di affrontare la realtà della tua situazione. Ad esempio, potresti negare l'entità del problema o razionalizzare comportamenti malsani;

16. Prendi atto dei momenti in cui fai troppe concessioni per mantenere una relazione: se ti trovi costantemente a fare compromessi o a mettere da parte i tuoi bisogni per mantenere una relazione, potrebbe essere un segno di dipendenza affettiva;

17. Identifica le volte in cui ti aggrappi a relazioni non reciproche: le persone con dipendenza affettiva possono ritrovarsi in relazioni unilaterali in cui danno molto di più di quanto ricevono;

18. Nota i momenti in cui confondi la dipendenza con l'amore: la dipendenza affettiva può a volte essere confusa con l'amore profondo, ma sono due cose diverse. L'amore è reciprocamente rispettoso e consente a entrambi i partner di crescere, mentre la dipendenza è unilaterale e limitante;

19. Identifica i comportamenti di auto sabotaggio: l'auto sabotaggio può assumere molte forme, da comportamenti che danneggiano la propria salute a quelli che rovinano le relazioni personali;

20. Riconosci i tuoi sentimenti di inadeguatezza e in cui non ti senti meritevole di affetto: questi sentimenti possono alimentare la dipendenza affettiva, poiché possono portarti a cercare costantemente la validazione degli altri. Riconoscerli e affrontarli è un passo importante verso la guarigione;

21. Inizia a tenere un diario delle tue emozioni e delle tue relazioni: questo può aiutarti a diventare più consapevole delle tue emozioni e dei modelli nelle tue relazioni. Puoi cominciare a vedere i pattern ricorrenti e ad approfondire la tua comprensione del tuo comportamento;

22. Pratica la meditazione o altre tecniche di rilassamento: queste pratiche possono aiutarti a ridurre lo stress, a calmare la mente e a concentrarti sul momento presente. Possono anche agevolare una maggiore consapevolezza di te stesso e delle tue emozioni;

23. Visualizza il tipo di relazione funzionale che desideri: questo può aiutarti a capire meglio cosa vuoi dalle tue relazioni e a riconoscere quando una relazione non è salutare per te;

24. Parla dei tuoi sentimenti quando ti senti pronto: condividere i tuoi sentimenti con qualcuno di fidato può essere un passo importante nel processo di guarigione. Può aiutarti a sentirsi meno solo e a ricevere il supporto di cui hai bisogno;

25. Esplora nuove relazioni e amicizie: creare nuove relazioni può aiutarti a rompere vecchi schemi di dipendenza e a sviluppare nuovi modi di relazionarti con gli altri;

26. Cerca il supporto di uno specialista: un terapeuta o un consulente può fornirti strumenti e strategie per gestire la dipendenza affettiva. Può anche fornirti uno spazio sicuro per esplorare e affrontare le tue emozioni;

27. Pratica l'auto-compassione e l'auto-accettazione: questo può aiutarti a sviluppare un sano senso di autostima e a ridurre la tua dipendenza dall'approvazione degli altri;

28. Impara a stabilire dei confini sani nelle tue relazioni: i confini sani ti permettono di proteggere il tuo benessere emotivo e di mantenere relazioni reciprocamente rispettose;

29. Sviluppa una routine di autostima (esercizio fisico, alimentazione sana, hobby, ecc.): prendersi cura di sé può aiutarti a sviluppare un sano senso di autostima e a ridurre la tua dipendenza dalle relazioni per la tua felicità.

30. Concentrati sulla crescita personale e sullo sviluppo delle tue capacità e dei tuoi talenti: investire in te stesso può aiutarti a sentirsi più autonomo e meno dipendente dalle relazioni per la tua autostima. Può anche aiutarti a costruire un senso di identità indipendente dalle tue relazioni.

BIBLIOGRAFIA ESSENZIALE SULL'ARGOMENTO

Autori italiani:

Giulio Cesare Giacobbe. (2009). "Come smettere di farsi le seghe mentali e godersi la vita". Milano: Mondadori.

Rita Bencivenga. (2019). "Dipendenza Affettiva: Non è Amore... Ma Solo E Dipendenza". Roma: Youcanprint.

Walter Riso. (2009). "Metti un No nella tua Vita: Manuale di autostima per vivere meglio". Milano: Sperling & Kupfer.

Stefania Santarcangelo. (2018). "Riconoscere e vincere la dipendenza affettiva. Strategie efficaci per liberarsi da relazioni tossiche e costruire legami autentici". Roma: Apogeo.

Massimo Recalcati. (2013). "L'ora di Lezione: Per un'erotica dell'insegnamento". Milano: Einaudi.

Autori stranieri:

Baumeister, R. F., & Leary, M. R. (1995). The need to belong: Desire for interpersonal attachments as a fundamental human motivation. Psychological Bulletin, 117(3), 497-529.

Bowlby, J. (1969). Attachment and Loss, Volume 1: Attachment. New York: Basic Books.

Bowlby, J. (1973). Attachment and Loss, Volume 2: Separation, Anxiety and Anger. New York: Basic Books.

Brackett, M. A., Rivers, S. E., & Salovey, P. (2011). Emotional Intelligence: Implications for Personal, Social, Academic, and Workplace Success. Social and Personality Psychology Compass, 5(1), 88–103.

Fjorback, L. O., Arendt, M., Ornbol, E., Fink, P., & Walach, H. (2011). Mindfulness-Based Stress Reduction and Mindfulness-Based Cognitive Therapy - a systematic review of randomized controlled trials. Acta Psychiatrica Scandinavica, 124(2), 102-119.

Goleman, D. (1995). Emotional Intelligence. New York: Bantam Books.

Goleman, D. (1998). Working with Emotional Intelligence. New York: Bantam Books.

Holmes, J. (2001). The Search for the Secure Base: Attachment Theory and Psychotherapy. London: Routledge.

Mayer, J. D., & Salovey, P. (1997). What is emotional intelligence? In P. Salovey & D. J. Sluyter (Eds.), Emotional development and emotional intelligence: Educational implications (pp. 3-31). New York, NY: Basic Books.

Salovey, P., & Mayer, J. D. (1990). Emotional intelligence. Imagination, cognition and personality, 9(3), 185-211.

Shapiro, S. L., Astin, J. A., Bishop, S. R., & Cordova, M. (2005). Mindfulness-Based Stress Reduction for Health Care Professionals: Results From a Randomized Trial. International Journal of Stress Management, 12(2), 164–176.

Printed in Great Britain
by Amazon

48102712R00096